AF453315

QUELQUES PAGES

DE

L'HISTOIRE RELIGIEUSE

DU

JAPON

BIBLIOTHÈQUE DE VULGARISATION, TOME 43

QUELQUES PAGES

DE

L'HISTOIRE RELIGIEUSE DU JAPON

Conférences faites au Collège de France

par

MASAHARU ANESAKI

Professeur à l'Université Impériale de Tōkyō

PARIS

EDMOND BERNARD, Éditeur

5, Rue d'Athènes, 5

—

MDCCCCXXI

PRÉFACE.

Ce livre est le résumé de conférences faites au Collège de France, en juin 1919.

Les conditions dans lesquelles se fait la publication méritent d'être relatées ici, dans l'intérêt des lecteurs.

Quand l'auteur reçut l'invitation qui le conviait à venir professer dans la vénérable institution française, il ignorait si les conférences seraient données en français, et le sujet dont elles traiteraient n'était pas encore arrêté. Ce fut plus d'une semaine après son arrivée à Paris, le 28 avril, que ces deux points se trouvèrent définitivement fixés. L'auteur se mit aussitôt à rédiger ces leçons en anglais, et elles furent remises, une à une, aux traducteurs français. En revisant les parties traduites, et en faisant des remaniements de forme, l'auteur apporta à la construction et au style des modifications qui lui furent suggérées par les différences qu'il put constater entre les deux versions, comme aussi entre elles et le texte original, écrit, dans la pensée de l'auteur, presque entièrement en japonais. D'autres corrections encore y furent apportées dans la suite, en vue de la publication, de telle sorte que ces conférences, faites en français et publiées dans leur forme actuelle, ont eu deux originaux ; mais la démarcation entre ceux-ci et la traduction n'est pas toujours nettement indiquée, certains passages ayant été écrits par l'auteur dans son français à lui, quelque imparfait qu'il fût.

Quoi qu'il en soit, ce procédé compliqué fut, pour l'auteur, une expérience très intéressante qui lui permit d'utiliser les ressources de plusieurs langues, quatre ou cinq, car il eut très souvent recours au chinois et au sanscrit.

Je dois mes remerciements à MM. Jules Bloch, Jean Buhot, Daniel-Sylvain Lévi et à Madame Sylvain Lévi, qui ont traduit le texte anglais en français, à Mademoiselle Jenny Serruys, qui s'est chargée de la revision définitive. Sans l'intérêt qu'ils ont témoigné à mon travail et l'aide obligeante qu'ils m'ont prêtée, ni les conférences ni la publication n'eussent été possibles.

J'adresse également mes remerciements au professeur Maurice Croiset, administrateur du Collège de France, et à M. Picavet, secrétaire, qui m'ont assisté et encouragé de diverses manières dans l'accomplissement de ma tâche.

M. A. Gérard, ancien ambassadeur de France au Japon, m'a honoré par les observations bienveillantes et flatteuses qu'il a consacrées à mes conférences dans le Figaro du 23 juin. Je ne puis que lui exprimer ici ma gratitude pour ses aimables remarques, ainsi que pour l'aide qu'il m'a apportée dans le choix d'un éditeur.

Enfin, qu'il me soit permis de rendre hommage à M. G. Michonis, fondateur de ces conférences, dont l'idéal élevé hâte et favorise l'amitié entre les nations et restera pour toute ma vie une lumière et un stimulant.

Masaharu ANESAKI.

Boulogne-sur-Seine, 1919.

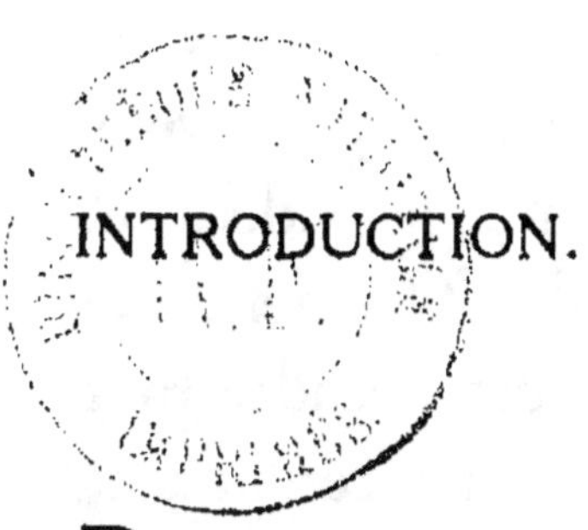

INTRODUCTION.

Depuis l'instant où je fus invité à venir faire une
série de conférences au Collège de France, j'ai senti
une hésitation constante peser sur mon esprit.
N'était-ce pas me montrer bien audacieux que
d'accepter un honneur aussi grand, une responsa-
bilité aussi lourde ? Car si le sujet que j'ai à traiter
vous est sans nul doute fort étranger, les idées et
les sentiments que je voudrais exprimer ont des
racines qui plongent si profondément dans la vie
religieuse des Orientaux qu'il est presque impossible de les traduire avec fidélité dans une langue
étrangère — sans même parler de ma connaissance
imparfaite du français. Je suis loin d'ignorer que
la langue française a une beauté propre, une richesse
admirable, une remarquable précision, et que rien
ne s'oppose à ce qu'elle rende les moindres nuances
de la pensée et des sentiments. Cependant, vous
voudrez bien admettre la difficulté de ma tâche, si

vous considérez comment se sont développées les civilisations de l'Est et de l'Ouest, isolées l'une de l'autre pendant des milliers d'années, et si vous mesurez l'abîme profond qui sépare les idées et les sentiments de l'Orient de ceux de l'Occident.

Mais depuis un siècle, ou plusieurs décades tout au moins, les deux civilisations ont pris contact, et peut-être sont-elles destinées à fusionner un jour. En dehors même de toute considération de ce genre, l'entente réciproque, et si possible, la sympathie, non seulement entre les nations, les classes et les races, mais encore entre les religions, les systèmes d'idées, les civilisations et les manières de sentir, m'apparaissent comme une nécessité urgente de notre époque.

Au moment où la Société des Nations est en train de se constituer dans cette ville, à un tournant si important de l'histoire du monde, qu'il nous soit permis de nourrir le pieux espoir de faire mieux connaître et comprendre la culture orientale en Occident, et de hâter ainsi par tous les moyens possibles la venue d'une civilisation commune.

A ce propos, je ne puis m'empêcher de me rappeler l'impression pénible que j'éprouvai en lisant, à l'hôpital de l'Université de Kiel (Allemagne), où j'étais en traitement en juillet 1900, l'allocution du Kaiser à ses soldats en partance pour l'expédition de Chine. Elle disait, entre autres choses, que « toutes les choses, si belle qu'en fût l'apparence ou la qualité, devaient être détruites impitoyablement, si elles n'étaient pas chrétiennes. » Il est inutile de discuter ici les conceptions du Kaiser sur le christianisme, et les applications brutales que sa mentalité bigote lui inspira au cours de cette guerre, terminée glorieusement pour la France et l'humanité. Ce que je veux dire, c'est qu'une mentalité aussi étroite aveugle l'homme même sur son propre compte, et qu'une vaste et tolérante sympathie est la base de tout ce qui confère à la vie humaine sa noblesse et sa beauté.

C'est pénétré de cet esprit que j'ai eu l'audace d'accepter la grande marque d'honneur qui m'a été offerte par cette vénérable institution de libres recherches. Ajouter une petite pierre au grand édifice de la civilisation humaine, voilà mon pieux désir et ma modeste ambition.

En fait, le Japon, qui remplit actuellement le rôle d'intermédiaire entre l'Occident et l'Orient, est fier d'être le dépositaire de la culture orientale en même temps qu'il essaye de s'assimiler les meilleurs aspects de la civilisation occidentale. En ma qualité de fils de ce pays, et grâce aux circonstances heureuses qui m'ont permis de faire personnellement connaissance avec la vie sociale et spirituelle de l'Occident, j'ose me considérer comme l'un de ceux dont c'est le devoir de donner à l'Occident une interprétation de l'Orient et à l'Orient une interprétation de l'Occident. Au moment d'accomplir ce devoir avec autant de fierté que de respect, je tiens à rendre hommage à tous les sages prophètes de l'Orient, qui nous ont laissé un si riche héritage spirituel, et à exprimer ma reconnaissance à tous mes amis d'Europe et d'Amérique qui, grâce à leur aide personnelle, m'ont mis à même d'aimer et d'admirer la culture occidentale.

Il y a un autre point sur lequel je désire insister dans ces considérations préliminaires : c'est que la tentative hardie de vous exposer quelques phases de la culture orientale aurait été impossible, si le chemin n'avait pas été frayé d'avance par plusieurs orientalistes d'Europe. Et je ne trouve pas de termes pour leur exprimer ma reconnaissance, et plus particulièrement aux savants de cette institution qui ont ouvert aux occidentaux la voie de l'Orient : Eugène BURNOUF, RÉMUSAT, Stanislas JULIEN, Edouard

CHAVANNES, etc., pour ne pas mentionner les occupants actuels des chaires d'orientalisme. Je ne pourrais cependant entrer dans mon sujet, sans avoir exprimé ma gratitude au professeur Sylvain LÉVI, qui m'a fait appeler ici et m'a donné tous les témoignages possibles de sa bienveillance et de sa bonté.

CHAPITRE 1.

LE PRINCE SHŌTOKU, PIONNIER DE LA CIVI-LISATION JAPONAISE.

Maintenant, transportez-vous au Japon, cet archipel qui borde les mers orientales d'Asie, et remontez au commencement du VIᵉ siècle de l'ère chrétienne. Au centre de l'île principale, une importante famille régnante s'était établie depuis plusieurs siècles, mais le pays continuait à rester divisé en plusieurs clans semi-indépendants. Au nord, dominaient les aborigènes chevelus, connus maintenant sous le nom d'Aïnos, tandis que le sud-ouest était occupé par des envahisseurs du sud, probablement de souche malaise. La race dominante, malgré ses prétentions de descendre des divinités célestes, avait à peine atteint un faible degré de civilisation, et cela grâce à un peu de culture chinoise, apporté par les immigrants de Corée. Les hommes vivaient dans des huttes d'un style extrêmement primitif ; et malgré leur connaissance assez ancienne de l'agriculture, ils tiraient principalement leurs ressources de la pêche et de la chasse. Leurs croyances se réduisaient à une espèce d'adoration de la nature, combinée avec le culte des morts, ou plus particulièrement des ancêtres et des héros de type inférieur. Leurs aspirations spirituelles n'allaient pas au delà du présent, et le vaste univers, au delà des mers, appartenait presque à un autre monde.

Avançons de cent ans, et arrivons au début du VIIe siècle. Le pays, tout au moins dans sa partie centrale, a complètement changé d'aspect. Des temples s'y dressent vers le ciel, couverts de tuiles vertes et ornés de colonnes pourpres qui brillent sous le ciel. Des statues de bronze, de dimension respectable et d'une beauté pleine de charme, y sont installées ; des rites compliqués s'y accomplissent au son de la musique sacrée. L'écriture a été répandue, et il y a des indigènes capables d'écrire un chinois raffiné. On étudie la médecine ; des hôpitaux et des dispensaires s'établissent çà et là. Les divers clans sont assez unis sous l'autorité de la famille impériale. Des communications régulières s'établissent avec la Chine, des missionnaires et des savants sont appelés de l'Inde et de l'Annam. Bref, c'est une civilisation nouvelle en plein épanouissement, une vie nationale en florissante prospérité.

Quelle est donc la cause, quel est le pouvoir magique qui a opéré un aussi remarquable changement ?

Le facteur le plus important est certainement l'introduction du bouddhisme, avec ses doctrines et ses livres, ses arts et ses cérémonies, parvenus au Japon à travers la Chine et la Corée. La doctrine de Confucius et la culture chinoise sont un autre facteur, mais cette influence est très inférieure à celle de l'évangile universel qui a converti presque toute l'Asie. Il s'agit cependant de savoir si les Japonais ont accepté cette religion et son influence civilisatrice rien qu'en suivant aveuglément le cours des circonstances, ou s'ils ont été contraints d'en venir là en raison de la puissance débordante et de la force d'appel de la nouvelle culture, ou, enfin, s'il y a eu de leur part choix et jugement dans leur conversion à la foi nouvelle. Toutes ces explications contiennent une part de vérité. Mais il y a un autre facteur, très important, qui explique ce changement et ces progrès remarquables. C'est l'intervention d'une grande personnalité dont le rôle fut essentiel, et qui a provoqué l'évolution en y apportant intelligence et conviction, prévision et zèle, foi et piété. J'ai nommé le prince

Shōtoku, qui fut, sous le titre de régent, le personnage dominant de l'histoire japonaise et le véritable
maître du Japon, de 593 à 622. Voyons donc quelle
fut son œuvre politique et sur quelle foi, sur quel
idéal elle repose.

Il était né en 573, trente-cinq ans après la présen-
tation officielle de la mission bouddhique à la cour
japonaise par un prince de Corée, au milieu de
l'effervescence durable causée par cet événement.

Après que la religion nouvelle eut été introduite
et défendue par des hommes et des clans de tendances
libérales, les conservateurs lui opposèrent de la résistance et persécutèrent ses adeptes. Ainsi, à l'époque
de la naissance du prince Shōtoku, le sort du bouddhisme — et de tout ce qu'il impliquait — était dans
une situation précaire, et ses défenseurs se trouvèrent dans une position dangereuse.

Le père de Shōtoku, l'héritier présomptif de
l'empereur régnant, était un des nouveaux convertis,
mais il fallait qu'il fût prudent en professant sa foi.

Nous ne pouvons pas entrer ici dans le détail
des conflits ; il nous suffira de dire que le cours du

progrès avait fini par devenir irrésistible, en dépit de l'opposition. La barrière tomba définitivement en 587, date de la chute du parti réactionnaire et conservateur qui en était venu jusqu'aux mesures extrêmes et avait pris les armes.

Le triomphe du bouddhisme était assuré maintenant, mais la succession au trône était mêlée aux luttes des clans rivaux et aux divergences de politique et d'intérêts.

On arriva à un compromis en 592 : une princesse monta sur le trône, et son neveu, le prince Shōtoku, prit les rênes du gouvernement comme régent de sa tante.

Je fais allusion à ces circonstances, afin d'attirer votre attention sur les difficultés avec lesquelles le prince se trouvait aux prises, pour gouverner au milieu des courants opposés de la vie sociale et politique.

Shōtoku reçut officiellement le pouvoir, mais le clan prépondérant qui avait travaillé à renverser les conservateurs restait aux affaires, et l'esprit de clan continuait à prévaloir auprès de la majorité du peuple. Nous pouvons imaginer sans peine combien un jeune prince de vingt ans dut montrer de prudence pour faire face à des forces adverses qui travaillaient contre l'idéal d'une vie nationale unifiée.

Ses efforts sur ce point furent cependant couronnés de succès, l'esprit de clan fut peu à peu refréné dans le peuple et dominé par sa politique aussi bien que par son idéal élevé.

Le prince s'efforça d'élargir et d'élever la vie spirituelle de son peuple au moyen de l'évangile universel du bouddhisme, et de parachever l'unité politique de la nation par la solidarité spirituelle.

Il n'avait que trop bien vu les maux engendrés par l'esprit de clan, inséparablement lié aux vues étroites qui suffisaient à l'ancienne religion des tribus. La force d'influence nécessaire pour affronter les courants adverses se trouvait naturellement au sein du bouddhisme, qui enseignait l'unité fondamentale et essentielle de toutes les existences.

Aussi le premier acte du prince comme régent fut-il de proclamer le bouddhisme religion nationale.

Cette déclaration fut renforcée par l'établissement d'une grande institution bouddhique connue sous le nom de *Temple des quatre Gardiens célestes* (Shi-Tennō-ji).

Le Shi-Tennō-ji comprenait quatre institutions : 1º un collège de moines où l'on pratiquait les cérémonies bouddhiques, où l'on donnait un enseignement monacal, une culture scientifique et aussi une instruction musicale ; 2º un asile pour les vieillards et les pauvres ; 3º un hôpital pour les malades, où l'on faisait aussi des études de médecine ; et 4º un dispensaire avec ses annexes médicales.

C'était, avant tout, une institution religieuse, mais la religion bouddhique réalisait son idéal de salut par des organisations charitables de ce genre ; et les institutions bouddhiques suivaient toujours au Japon les initiatives prises par le prince Shōtoku.

Le prince manifesta la hauteur de son idéal, non seulement par ces divers établissements, mais encore par le choix approprié de l'emplacement du temple. Il était situé sur le bord de la Mer Intérieure, et dans le port qui conduisait à la capitale. Or la Mer Intérieure était la principale route du Japon occidental, suivie par tous les vaisseaux venant de Corée ou de Chine. Le temple était donc, par sa position, tout désigné pour servir de point de débarquement aux envoyés, missionnaires et immigrants du continent d'Asie.

Le bâtiment principal du temple était face au sud, mais on érigea tout près du rivage une porte regardant l'ouest, à l'usage de tous les étrangers qui débarquaient là.

Nous pouvons imaginer sans peine la façon dont les nouveaux arrivants étaient conduits au bâtiment principal, en passant par la porte occidentale, et reçus par les prêtres, les fonctionnaires et les musiciens, au milieu de l'encens, des bannières et de la musique sacrée, destinés à symboliser la communion spirituelle dans le sein de la foi bouddhique.

Je souhaite qu'un jour vienne où chaque nation démolira ses douanes et bâtira dans chaque port une salle de réception pareille à ce temple : alors nous pourrons être certains qu'une société spirituelle des nations sera solidement établie.

Pendant plus de dix ans, le prince avait travaillé à réformer l'administration intérieure, en même temps qu'à mettre au point les questions diplomatiques et coloniales dans la péninsule de Corée.

La paix et l'ordre une fois assurés, il se mit en

devoir de faire connaître à son peuple les tendances et les directions de son idéal et de sa morale, en formulant ses principes d'administration. Ainsi fut proclamée la *Constitution* de 604. Elle est connue sous le nom de « Constitution des Dix-Sept Articles ». Le prince y formule les principes monarchiques de l'Etat, en opposition avec le régime des clans. Il y donne à ses fonctionnaires le conseil d'observer fidèlement les principes de justice, de droiture, de bienveillance, etc., avec tout ce qu'ils comportent d'applications pratiques.

Mais ce qu'il y avait d'essentiel et de fondamental dans sa proclamation, c'était la force avec laquelle il insistait sur l'union et l'harmonie spirituelle qui devaient régner entre souverain et sujets, supérieurs et inférieurs. Il se proposait de démontrer que l'unité de la nation n'était qu'une application de la conception bouddhique : l'unité de toutes les existences.

Cette idée s'exprimait dans l'exhortation à révérer la Sainte Trinité bouddhique, appelée les « Trois Trésors », c'est-à-dire le Bouddha, la Loi (*Dharma*) révélée par lui, et la Communauté (*Sangha*) des bouddhistes.

Le second article de la Constitution était ainsi rédigé :

Les Trois Trésors sont le suprême refuge de tous les êtres et la fin dernière de toutes les existences. Peut-on concevoir aucun âge, aucun individu, qui manquerait à révérer cette vérité? Il y a peu d'hommes foncièrement vicieux. Chacun est capable de réaliser la vérité, si elle lui est enseignée. Aucun vice pourrait-il être corrigé sans recourir aux Trois Trésors ?

Or la conception des Trois Trésors demande quelque explication. Selon la théorie bouddhique, il n'est pas d'existence ou d'événement qui ne trouve sa signification essentielle et ses conditions nécessaires dans les lois de l'être et de la causalité.

C'est la grande loi ou vérité de l'existence.

Les choses prospèrent et dépérissent, les hommes vivent et meurent, en accord avec la vérité de l'être et la loi de causalité ; pourtant, la plupart des hommes vivent dans l'ignorance de la vérité et du sens fondamental de la vie. Nous sommes la proie des chagrins et de l'orgueil, simplement parce que nous restons aveuglément enfoncés dans un égoïsme étroit, ne connaissant pas la loi de l'existence, et ne concevant pas le lien qui unit notre vie à celle de tous les êtres.

Aussi le fond de l'enseignement se ramène-t-il à concevoir l'unité des existences et la continuité de la vie.

Le Bouddha est l'être, non pas surnaturel, mais surhumain, qui a embrassé la vérité de l'existence et y a conformé sa vie, en nous révélant cette vérité et en nous incitant, par son amour universel et sa compassion, à vivre la même vie que lui.

Il a tout à la fois conquis et révélé la vérité (1), c'est lui notre guide dans le royaume de la vérité, notre sauveur, en ce qu'il nous éclaire sur la véritable signification de notre vie.

Puisque le Bouddha est une personnification de la loi universelle de l'existence, et puisqu'il ne représente pas une exception surnaturelle dans le monde de l'existence, chacun de nous doit, et est, en réalité, destiné à réaliser la même vérité dans sa propre vie.

(1) De là l'appellation de *Tathāgata,* c'est-à-dire "Celui qui a conquis la Vérité" et en même temps "Celui qui a révélé la Vérité". Voir l'article "Tathāgata" par ANESAKI dans HASTINGS, *Dictionary of Religion and Ethics.*

Celui qui suit le Bouddha dans sa voie, est en communion spirituelle avec tous les Bouddhas du passé et du futur, car de même qu'il y a eu des Bouddhas innombrables, il y en aura jusqu'à l'infini ; et en vérité chacun de nous est un futur Bouddha, un Bouddha en devenir, un *Bodhisattva*.

Ainsi, la communion bouddhique est une communauté de Bouddhas et de Bodhisattvas, une de par l'esprit et la vie, unie dans l'idéal et l'effort, et travaillant au salut de tous les êtres.

Cette communion universelle dans l'idéal spirituel est l'église invisible, si j'ose m'exprimer ainsi, qui se manifeste au monde présent en tant qu'église visible, par l'institution bouddhique d'enseignement et de discipline, le *Sangha*.

Appliquez cette notion d'une communauté spirituelle à n'importe quelle autre institution humaine, et vous arriverez à l'idée de l'état ou de la famille, considérée comme un aspect de la communion universelle de ceux qu'unit un même idéal et mise en pratique par des institutions et une discipline.

En ce sens, toutes les organisations humaines incarnent la vérité universelle et éternelle, du moment que le principe de fraternité les guide consciemment, et que les individus qui la composent sont éclairés sur la continuité de la vie. Bref, la Vérité de l'existence, l'Etre qui nous révèle cette vérité, et la Communauté qui suit le chemin tracé par le Bouddha, sont les trois thèmes de l'évangile bouddhique, qui s'appellent les Trois Trésors de la foi bouddhique, et qui parfont l'unité de notre vie dans la foi. Telle est la Trinité bouddhique, et telle fut l'idée que le prince s'efforça d'énoncer dans la Constitution et prit comme base de toutes les mesures de son gouvernement politique et moral.

En dehors des entreprises qu'il tenta comme chef et gouverneur de la nation, le prince s'appliqua à élucider l'idée de la communion spirituelle et de ses applications pratiques. A cette fin, il choisit comme textes trois écrits bouddhiques et les commenta au public. Il consigna par écrit ses réflexions sur ces textes : ce sont les premiers livres écrits par un Japonais qui nous aient été transmis.

Il avait choisi les ouvrages suivants : 1° le *Yokke-kyō*, ou le *Lotus de la Vérité* (1), l'évangile de

---

(1) Il existe une traduction française de cet ouvrage, par Eugène BURNOUF : *Le Lotus de la bonne Loi* (Paris, 1852), et une traduction anglaise par KERN dans la collection *The Sacred*

Saint Jean du bouddhisme, si j'ose dire ; 2º le *Yuima-gyō*, ou les discours de Vimalakīrti, modèle des bouddhistes laïques ; et 3º le *Shoman-gyō*, ou les vœux prononcés devant le Bouddha par la reine Çrīmālā, le type idéal de la femme bouddhique.

Nous ne pouvons pas entrer ici dans le détail de ces écrits, mais notez bien que le choix en était conscient et voulu.

Le *Lotus de la Vérité* était un livre destiné à révéler la réalité éternelle de la personnalité du Bouddha ; à expliquer les moyens divers de son salut et l'unité de ses enseignements, en dépit de leurs divergences apparentes ; à exhorter tous les êtres humains, célestes et même démoniaques, à parvenir au même degré d'illumination que le Bouddha lui-même.

Le Bouddha y est représenté non seulement comme un être humain ayant atteint un parfait développement, mais comme une incarnation de la

Books of the East, vol. xxi. Mais la version chinoise employée par le prince Shōtoku n'était pas celle du texte original sanscrit que nous possédons. Cf. ANESAKI, *Nichiren,* pp. 19-29.

vérité universelle et de la vie éternelle ; et en même temps il y est donné, sous diverses formes, des conseils et des préceptes destinés à mettre les êtres en communion intime avec le Bouddha, par l'esprit et par l'action.

En résumé, le *Lotus de la Vérité* se propose de révéler la portée métaphysique et religieuse de la doctrine de la Trinité, dans laquelle le prince puisa les directions et les principes fondamentaux de son administration politique et morale.

Le choix des deux autres livres est dû, non seulement au désir de montrer combien la vie laïque est compatible avec ce qu'il y a de plus élevé dans l'idéal de la religion bouddhique, mais encore au souci d'élucider les tendances et les méthodes de la vie de Bodhisattva, sainte perfection de la vie bouddhique.

Vimalakīrti était un magistrat de la ville libre de Vaiçālī. Et bien qu'il fût pour sa part au-dessus des gains et des pertes de ce monde, au-dessus des joies et des chagrins de la vie, il ne laissa pas cependant de travailler au bien-être de ses concitoyens, à leur édification morale, à leur purification spirituelle.

Le prince Shōtoku trouva tout naturellement,

dans ce type parfait du magistrat, un modèle pour sa propre conduite en tant que chef et guide de la nation.

De même, il entrait certainement dans ses pieuses intentions que sa tante, l'impératrice régnante, devînt par sa vie une incarnation de la reine hindoue Çrīmālā, l'idéale perfection de la femme.

Cette dernière était une reine de Bénarès qui, fidèle à son royal époux, dédia sa vie à la cause bouddhique, s'adonnant à des œuvres de charité, et conduisant son peuple sur le chemin de la vertu.

Les exemples de ce citoyen sage et de cette femme vertueuse, ainsi présentés par le prince Shōtoku, devinrent les fins idéales auxquelles devaient aspirer les nouveaux convertis.

J'ai essayé jusqu'ici de montrer l'idéalisme élevé du prince régent, union harmonieuse de l'idéal bouddhique de la Sainte Trinité et de la vie sociale, politique et morale de sa nation. Cet idéal élevé se heurta naturellement à des obstacles nombreux, dûs aux vices de la nature humaine et surtout aux diffi-cultés suscitées par l'esprit de clan, difficultés qui aboutirent à l'extermination de la famille de Shōtoku, quelques années après sa mort.

La tragédie se déroula au moment où le chef d'un clan puissant s'efforça de résister à l'autorité croissante du gouvernement inspiré par la politique du prince et essaya de détruire l'influence dont avait hérité son fils.

Devant le danger menaçant, le fils du prince Shōtoku s'en tint à la notion de la non-résistance, qu'il considérait comme un héritage de son père, et il mourut, avec toute sa famille, calme et résigné. Toutefois l'influence spirituelle du prince Shōtoku s'exerça large et profonde sur la vie politique et morale de la nation, en dépit de la fin pathétique de cette famille royale.

Mais revenons à notre sujet.

En homme d'Etat aux vues élevées et non moins pourvu de qualités pratiques, le prince Shōtoku travailla dans tous les domaines pour le bien et l'élévation de son peuple.

L'architecture, la sculpture, la peinture, la musique étaient florissantes, non seulement à cause de la protection qu'il leur donnait, mais grâce à sa direction inspirée. La science, et en particulier la médecine et l'astronomie, recevaient des encouragements ; la pensée philosophique se trouvait stimulée par le fait qu'il était lui-même écrivain et philosophe. Bien que toutes ces disciplines n'eussent pu sans doute se perfectionner sans l'aide des missionnaires et des immigrants du continent asiatique, il nous faut convenir cependant qu'elles étaient toutes guidées et inspirées par l'esprit élevé et créateur du prince.

Il y aurait beaucoup à dire sur les caractéristiques de l'art de cette époque, sur la simplicité et la pureté de la peinture, sur le charme naïf de la sculpture, le noble équilibre de l'architecture, etc. Mais ceci est du domaine de l'histoire de l'art et nous ne pouvons nous y arrêter.

Le prince eut aussi à cœur le développement économique de son pays ; il traça des routes, bâtit des ponts, planta des avenues, construisit des ports et des canaux d'irrigation.

Inutile d'ajouter que, par-dessus toutes ces préoccupations, c'était l'élévation morale de son peuple qui dominait l'esprit du prince. Aussi est-il naturel qu'artistes et artisans japonais le révèrent comme leur saint et le patron de leurs corporations.

Laissez-moi, pour finir, vous rapporter un trait de sa politique extérieure.

Les relations avec les Etats de la péninsule de Corée n'avaient cessé d'être la préoccupation essentielle de la politique internationale du Japon ; mais du fait que la religion bouddhique et la civilisation continentale avaient pris naissance en Chine, le prince se mit en devoir d'ouvrir un chemin de communication directe avec la Chine. Le moment était opportun, car la Chine, après une longue période de divisions et de confusion, venait d'être unifiée en 590, sous la puissante dynastie Souei, et la civilisation y était redevenue florissante.

En 607, le prince envoya une ambassade à la Cour impériale de Chine. Le but principal de la mission était de faciliter l'introduction du bouddhisme et de la civilisation, mais elle était également destinée à stimuler l'amour-propre des Japonais. A cette fin, le prince s'adressa en ces termes à l'empereur de Chine :

« Le Maître du pays du Soleil Levant envoie ses salutations au Maître du pays du Soleil Couchant. »

C'était un coup d'audace, car la Chine se regardait comme le centre du monde et comptait les Japonais au nombre des peuples barbares.

L'empereur de Chine fut très mécontent de ces mots, et dans sa réponse, il fit entendre que le Japon était une dépendance de la Chine. Une seconde délégation partit du Japon, emportant une lettre qui disait :

« Le Souverain céleste de l'Est s'adresse au grand Empereur de l'Ouest. »

On conçoit la portée de cette insistance sur la notion d'égalité, de la part du Japon, si l'on songe que ces titres devinrent, dès ce moment, les formules définitives employées dans les relations entre les deux cours.

Remarquons aussi, qu'en dehors de ces manœuvres politiques, le prince voyait là une occasion d'exprimer sa foi dans l'égalité de toutes les nations, petites et grandes, vis-à-vis des Trois Trésors, c'est-à-dire de l'idéalisme bouddhique.

En somme, le prince nous apparaît comme un homme aux vues larges et d'un haut idéalisme. Homme d'Etat supérieur, il réussit, dans une large mesure, à faire d'un amas de tribus divisées une nation unie ; chef sagace, il établit le bouddhisme et organisa sur beaucoup de points l'œuvre de la civilisation. Enfin, à ses qualités d'homme d'Etat et à ses conceptions philosophiques, s'ajoutaient une grande piété et un profond mysticisme.

Dans l'enceinte de son ancien collège (1), se trouve la « Chapelle des Visions » (*Yume-dono*), où il avait coutume de se retirer dans la méditation, et recevait, dit-on, l'inspiration directe du Bouddha et des saints bouddhiques.

Certes, il justifia le titre que lui décernait le peuple : *Shōtoku*, le Saint et le Vertueux ; son vrai nom était Umayado, « l'homme né dans une étable ».

Il mérita ainsi de compter comme le premier et le plus grand saint du bouddhisme japonais. Tout naturellement, les bouddhistes des périodes sui-vantes, et peut-être même ses contemporains, le considérèrent comme une incarnation de Kwannon, le seigneur d'amour tout compatissant.

Certes, sa puissante personnalité explique ses exploits et son idéal, son talent et sa sagesse ; mais n'en faut-il pas faire honneur aussi, pour une grande part, à la religion bouddhique ? C'est elle qui inspira, guida, perfectionna le génie et les aptitudes de cet homme et lui permit de fonder, sur des bases larges et solides, à la fois le bouddhisme au Japon et la civilisation nationale du peuple japonais.

(1) Hōryū-ji, près de Nara.

CHAPITRE 2.

DENGYŌ ET KŌBŌ, ORGANISATEURS DE LA HIÉRARCHIE BOUDDHIQUE.

Toutes les religions ont traversé des périodes de réforme qui leur ont donné un nouvel essor et une nouvelle vigueur. Mais c'est le destin de presque toutes les réformes que leur application soit suivie d'une période de stagnation et d'un arrêt de développement. Tel fut le cas du bouddhisme japonais, aussi bien avant qu'après l'intervention des deux hommes que nous allons étudier aujourd'hui.

Ces deux importants personnages de l'histoire du bouddhisme japonais, Dengyō et Kōbō (1), furent contemporains de Charlemagne et de Léon III. Leur réforme consistait à établir dans l'Eglise une vaste hiérarchie ; ils espéraient réaliser ainsi une coordination entre l'Eglise et l'Etat : c'est là précisément

(1) Titres posthumes ; leurs noms véritables étaient respectivement : Saichō et Kūkai.

ce que leurs contemporains d'Europe réussirent à accomplir.

Or, pendant les deux siècles qui s'écoulèrent entre l'introduction du bouddhisme au Japon et la réforme du début du IXe siècle, la civilisation japonaise avait fait de grands progrès. Le gouvernement central s'était fortifié en dépit de quelques oppositions réactionnaires. Nara, la capitale, rivalisait de pompe et de splendeur avec la capitale chinoise des T'ang, dynastie sous laquelle la Chine a vécu les jours les plus glorieux de son histoire. La grandeur de l'architecture, l'équilibre majestueux de la sculpture où se reflétait dignement le génie des arts grec et hindou, symbolisaient la haute envolée spirituelle de la vie nationale. Pour la religion bouddhique, elle manifestait sa vitalité par le développement des connaissances intellectuelles, de la philosophie et de la science, par l'organisation d'un système monastique, par l'extension de ses missions et de son activité sociale (1).

Mais le pays avait atteint le faîte de sa gloire vers

(1) Voir dans HASTINGS, *Dictionary of Religion and Ethics*, les articles : ''Mission (Buddhist)'' et ''Philosophy (Japanese)''.

le milieu du VIIIe siècle, et sous toutes ces manifestations se cachaient les courants de la corruption, de
l'inquiétude et du mécontentement. Le gouvernement était devenu trop aristocratique pour mener les
masses populaires. Le clergé bouddhique se mêlait de
politique, alors qu'il était lui-même déchiré par les
luttes de partis ; ses rapports avec le peuple se
relâchèrent.

En de telles circonstances, plus d'une âme sensible
et ardente s'était sentie inquiète et troublée. Ces
hommes avaient cherché dans la vie religieuse une
lumière nouvelle qui pût satisfaire individuellement
les âmes en même temps que guérir les maux de
l'époque. Plusieurs, cependant, firent un compromis
avec les autorités ecclésiastiques établies, qui étaient
encore trop fortes pour être renversées immédiate-
ment ; d'autres se retirèrent dans les montagnes pour
se livrer aux exercices de piété et de méditation, ou
dans l'intention de se préparer à mener un mouvement de réforme lorsque l'occasion serait favorable.

Dengyō et Kōbō appartenaient à cette dernière
catégorie. Après s'être préparés dans la solitude, ils
ne laissèrent pas échapper l'occasion d'une réforme
lorsqu'ils virent un changement se produire dans la

vie politique et sociale du Japon, vers la fin du VIIIe siècle.

Ce qui détermina ce changement, ce fut le transfert du gouvernement qui abandonna Nara, l'ancienne capitale, pour aller à Miyako (794). Cette mesure fut prise par le gouvernement, en partie tout au moins, pour échapper à l'influence fâcheuse qu'exerçaient dans l'ancienne capitale les gens d'église.

D'une part, il en résultait une séparation de l'Etat et de l'Eglise ; d'autre part, le gouvernement désirait le concours d'une église nouvelle, parce que la classe dirigeante avait toujours considéré l'aide de l'Eglise comme essentielle à la sécurité nationale, tant à cause de son influence sociale que de son action surnaturelle.

C'est alors que Dengyō apparaît sur la scène. Répondant à l'appel de son temps, il établit une église nouvelle sur une base plus moderne et plus large.

Il était né en 767, au moment où la corruption de l'ancienne église devenait manifeste.

Elevé dans cette église, il n'y avait point trouvé la réalisation de son idéal ; aussi se retira-t-il dans la montagne, près de sa ville natale.

Au moment de sa retraite, il n'avait que dix-huit ans ; lorsque le siège du gouvernement se transporta à Miyako, non loin de son ermitage, il touchait à sa vingt-septième année.

Il n'est pas encore bien établi qu'il ait joué un rôle dans le choix du site de la nouvelle capitale, mais les événements subséquents montrent que la proximité du Mont Hiei, où il vivait, et de la nouvelle métropole, eut une influence considérable sur son œuvre ainsi que sur le développement de son institution du Mont Hiei.

En tout cas, Dengyō cessa d'être un anachorète ou un visionnaire, et devint un personnage public travaillant à une réforme religieuse, en même temps qu'un partisan spirituel du nouveau régime.

Ce grand changement dans la vie de Dengyō, en ces temps de transformations politiques et sociales, peut être mis en parallèle avec la carrière presque semblable de Saint Bernard de Clairvaux. Sans doute, il ne fut pas un réformateur purement spirituel, car dans le fond de son œuvre et dans ses conséquences, on voit se refléter le courant politique de son époque. Mais il ne faut pas oublier que sous les aspects extérieurs de sa vie se dissimulait le torrent impétueux des luttes spirituelles.

Quand il parut en public et fit connaître ses nouvelles convictions, il dut faire face à une violente opposition de la part de l'ancienne église.

Les luttes que Dengyō eut à soutenir eurent pour objet principal la question suivante : est-ce uniquement une certaine classe d'hommes spécialement doués, ou bien l'humanité entière, qui peut prétendre à la perfection bouddhique ? Ou pour employer le langage des bouddhistes, le débat initial était le suivant : la nature de Bouddha est-elle ou non inhérente à tous les êtres ? C'est-à-dire, chacun de nous est-il ou non destiné à devenir un Bouddha ?

Pareille controverse fut soulevée dans la théologie chrétienne quand s'opposèrent la doctrine de la pré-destination et celle du salut universel.

Rejetant le dogme professé par l'ancienne église de Nara qui croyait la nature de Bouddha réservée à certains êtres seulement, Dengyō, guidé par un théologien chinois (1), découvrit que le Bouddha avait révélé son intention véritable dans le sermon du *Lotus de la Vérité*, en nous assurant que nous étions tous, sans exception, appelés à la destinée finale de Bouddha.

Le point litigieux, — en apparence simple question de dogme, — présentait pour Dengyō un intérêt tout à fait vital, parce qu'il touchait le fond de ses luttes spirituelles, en même temps que son projet d'unifier la nation entière dans une même foi au salut universel.

Nous ne pouvons pas étudier ici les détails de la discussion philosophique que ce dogme suscita ; qu'il nous suffise de dire qu'il y avait, pour ainsi dire, conflit entre l'aristocratie et la démocratie spirituelles, et que Dengyō était le champion de cette dernière.

Lorsque Dengyō promulgua sa doctrine du salut universel et essaya de coordonner son projet d'unification de l'église bouddhique avec le régime politique

---

(1) Nommé Tche-yi. Il vivait au VI° siècle sur le Mont T'ient'ai, en Chine, d'où le nom de T'ient'ai ou Tendai donné à son école. Cf. ANESAKI, *Nichiren*, pp. 148-156.

nouvellement instauré, les autorités de l'ancienne église accablèrent d'attaques et de critiques le jeune moine audacieux qui, après avoir été jadis leur disciple, venait de les trahir.

Non seulement Dengyō se défendit, mais il se lança dans une ardente polémique contre le clergé aristocratique et se montra aussi éloquent dans ses discours qu'intrépide dans ses écrits.

L'agitation provoquée par la controverse devint si violente que le gouvernement jugea nécessaire de s'en occuper et donna l'ordre aux deux partis d'instituer des débats publics.

Là, le dogmatisme de la vieille école se montra impuissant devant l'inébranlable conviction et la profonde érudition du jeune réformateur.

A l'âge de trente-six ans le jeune moine était donc devenu le champion de son époque ; l'empereur l'honora en l'envoyant en Chine « pour continuer sa recherche des vérités ».

Ceci se passait en 804 ; à son retour, l'année suivante, il vit sa fondation monastique généreusement dotée par le gouvernement. Le petit monastère que Dengyō avait fondé vingt ans auparavant, devenait une grande institution de la religion bouddhique.

En harmonie avec sa doctrine universaliste, il en conçut l'organisation sur un vaste plan.

Le but de l'institution était d'ouvrir la voie par laquelle la nature de Bouddha pourrait être atteinte dans la vie de la nation, aussi bien que dans celle de chaque individu.

A cette fin, l'institution préparait des moines et des prêtres dans toutes les branches de la connaissance, de la discipline morale et de l'exercice spirituel.

Pour la culture de la sagesse, la pierre angulaire était les enseignements du *Lotus de la Vérité*, en même temps que les dogmes des diverses écoles bouddhiques, conformément à l'ambition qu'avait Dengyō d'unifier tous les courants de la pensée bouddhiste.

Pour l'éducation spirituelle, il préconisait diverses méthodes de contemplation mystique, d'oraisons pieuses et d'incantation, dans une forme toute spéciale.

Quant à la discipline, on l'inculquait aux élèves par les règles traditionnelles de la vie monastique bouddhique ; de plus, une institution analogue s'ouvrait aux laïques par l'organisation d'une sorte de tiers ordre.

Pour répandre la discipline religieuse, Dengyō essaya d'établir sur le Mont Hiei une institution centrale d'ordination et d'initiation, où les moines seraient consacrés et les laïques initiés aux mystères du bouddhisme. Mais l'exécution de ce plan exigeait une sanction officielle du gouvernement, attendu que sa réalisation équivaudrait à une centralisation de l'autorité ecclésiastique sur le Mont Hiei.

Le projet se heurta à l'opposition opiniâtre de l'ancienne église, encore assez puissante pour tenir en échec l'ambition du réformateur. Mais sa résistance fut semblable à la dernière lueur d'un cierge qui s'éteint. Le gouvernement accorda son autorisation peu après la mort de Dengyō, et le Hiei devint le centre de l'église bouddhique unifiée du Japon.

En résumé, Dengyō fut un philosophe et un mystique en même temps qu'un grand organisateur ; il avait à peu près réalisé ses vues et ses projets quand il mourut, en 822, grand prélat du bouddhisme japonais.

Ses dignes successeurs poursuivirent la réalisation de ses idées, et les pentes et les vallons du Mont Hiei se couvrirent de milliers de temples et de chapelles, de collèges et de monastères.

Ainsi fut établi le Saint-Siège du bouddhisme japonais ; on lui doit un grand nombre d'excellents prélats et aussi d'âmes pieuses.

Mais, dans la suite des temps, la puissance de la hiérarchie s'accrut au point d'influencer la politique ; les grands-prêtres en vinrent à rivaliser de puissance et de luxe avec les nobles de la Cour, et la corruption y fut telle que le Mont Hiei finit par devenir une forteresse de prêtres-soldats.

Il y avait cependant des hommes qui gardaient fidèlement l'héritage spirituel du grand fondateur : ce sont ces nobles esprits que nous trouverons à l'œuvre dans une autre période de réforme religieuse, près de quatre cents ans après la mort de Dengyō.

Ainsi donc, une réforme était accomplie, une église d'Etat était instaurée, mais les successeurs de Dengyō rencontrèrent de puissantes oppositions dans l'exécution d'un autre projet non moins ambitieux : l'unification de l'église.

Ce fut l'œuvre de Kōbō, jeune contemporain de Dengyō.

Kōbō, né en 774, était issu d'une noble famille de province ; de bonne heure il fut envoyé à l'Université de la capitale, pour se préparer à la carrière officielle.

Il y étudia le confucianisme, comme le devait faire tout candidat à la carrière administrative. Mais, peu satisfait de l'éthique séculière de Confucius, il étudia tout seul les enseignements mystiques de Lao-tseu, c'est-à-dire le taoïsme, où il trouvait quelque chose de plus élevé que le confucianisme, dans le développement des facultés surnaturelles et dans la doctrine de la soi-disant immortalité.

Cependant les tendances mystiques de son esprit, combinées avec les déchirements spirituels de sa conversion, le poussèrent à quitter la capitale pour séjourner au sein de la nature. Au milieu des montagnes, dans l'obscurité des forêts, dans l'ombre des ravins, peu à peu son âme agitée retrouva la paix.

Ce fut au bout de plusieurs années de voyage et de discipline individuelle qu'il atteignit l'illumination spirituelle par une révélation du Bouddha, un jour qu'il était sur une haute falaise s'avançant comme un éperon au milieu des flots.

Au moment de cette conversion définitive, il avait vingt-quatre ans ; peu après, il fut ordonné dans l'église bouddhique.

Ce fut probablement à la suite de son ordination qu'il écrivit un essai, où il compara les trois systèmes moraux et religieux et proclama la supériorité du bouddhisme. C'est la confession et l'apologie de ses luttes spirituelles et de sa conversion finale. Nous y voyons comment Kōbō participa à l'agitation spirituelle de son époque, comment son âme sincère se fraya un chemin à travers les broussailles des problèmes moraux et religieux, et comment il trouva le repos dans l'illumination mystique de la foi bouddhique.

Il y expose l'idée d'une élévation spirituelle qui se réalise pas à pas par une synthèse supérieure. Celle-ci annonce déjà l'effort de son âge mûr, qui se proposa d'amener toutes les religions au plus haut degré de perfection par les mystères bouddhiques, ainsi que nous le verrons tout à l'heure.

Sa direction religieuse fixée, il lui restait à savoir comment il pourrait appliquer ses convictions aux maux des temps qu'il voulait guérir.

Son maître et ami Dengyō visitait la Chine ; le jeune moine suivit son exemple, et les trois années d'études qu'il y passa le mirent en contact avec une forme de bouddhisme mystique qui s'y développait à cette époque et que l'on connaît sous le nom d'école de Shingon.

Revenu de Chine, il institua des mystères bouddhiques selon les méthodes de la nouvelle école, et fonda un monastère sur le Mont Kōya, à une centaine de kilomètres de la capitale. Mais le Kōya, appelé à devenir plus tard le centre principal du bouddhisme Shingon, n'était encore, à l'époque dont nous parlons, qu'un très modeste établissement où Kōbō travaillait en silence.

La mort de Dengyō, survenue en 822, donna au jeune réformateur une notoriété soudaine.

L'année suivante, on le nommait abbé d'un grand temple de Miyako, et plus tard, prêtre du Sanctuaire intérieur à la Cour Impériale.

Cette haute dignité lui permit d'exercer une grande influence sur la Cour et sur les classes nobles, et d'étendre sa propagande aux provinces.

Sa renommée ne tarda pas à éclipser celle de Dengyō, et lorsqu'il s'enterra vivant, comme le prétendent ses adeptes, dans l'attitude de l'extase, en 835, il avait atteint le zénith de la gloire et de la popularité.

Son bouddhisme mystique s'était répandu dans le pays tout entier ; pendant plusieurs siècles, il régit la foi des nobles et du peuple. De nos jours encore, beaucoup révèrent en lui un saint doué de facultés surnaturelles et qui peut quelquefois opérer des miracles, en sortant de son extase.

Comme nous l'avons indiqué déjà, l'ambition de Kōbō, en tant que réformateur, était de faire la synthèse de tous les systèmes moraux et religieux, ce qu'il accomplit en élaborant un syncrétisme universel d'une haute élévation mystique.

Il s'agissait d'ouvrir la communion bouddhique à toutes les sortes d'existences : or, le bouddhisme s'était propagé à travers différents pays du continent asiatique et on avait tenté plusieurs fois déjà d'y englober les panthéons de ces différents peuples ; Kōbō compléta ces tentatives de syncrétisme et en fit une vaste synthèse.

De ces efforts résulta un système, étrange mais ingénieux, de représentation graphique où l'on voyait la vie cosmique sous les aspects de ses deux modes d'existence : c'est-à-dire dans sa fondation idéale ou potentielle d'une part, et dans ses manifestations dynamiques et vivantes d'autre part (1).

(1) Cf. ANESAKI, *Buddhist Art* (Boston, 1916), chap. II.

On y insistait surtout sur l'harmonie entre l'unité et la diversité.

Le Bouddha, en tant qu'entité métaphysique, y recevait le nom de Mahā-Vairocana, le Grand Illuminateur. Il était, et reste toujours pour ses adeptes, l'âme omni-compréhensive, en même temps que la vitalité omni-créatrice de l'univers : tous les êtres, divinités, anges, hommes, bêtes, etc., sont les manifestations de sa puissance et de ses intentions.

Ainsi, le corps et la vie du Grand Illuminateur peuvent se discerner jusque dans un grain de sable ou une goutte d'eau. Chaque mouvement, chaque son, représente sa voix ; la parole humaine, les caractères de l'écriture sont des traductions de son langage cosmique. De même que les actes d'un homme prennent leur origine dans les idées et la pensée de cet homme, toute existence, tout événement est une manifestation de l'idée de Bouddha. En résumé, le corps, la parole et l'action du Grand Illuminateur composent la vie de l'univers dans son ensemble ainsi que dans chacune de ses parties.

Or l'aspect idéal de la vie universelle s'appelle « le Royaume des Indestructibles » (sanscrit : *Vajra-dhātu*), où les idées fondamentales et indestructibles sont présentes dans l'âme éternellement sereine du Grand Illuminateur.

Les représentations graphiques de ce Royaume des Indestructibles nous montrent le Grand Illuminateur siégeant au centre, plongé dans la plus profonde contemplation et auréolé d'un disque blanc. Il est entouré des différents saints, ses émanations, auréolés de disques blancs et assis sur des fleurs de lotus blancs, emblèmes de la tranquillité.

D'autres émanations sont représentées par des personnages et des symboles, rangés en huit carrés qui entourent le carré central.

Toutes ces idées indestructibles sont destinées à manifester leurs activités, qui constituent l'aspect dynamique de l'univers.

Cette réalisation dynamique est figurée par les représentations du « Sein des Entrailles », ou de « la Matrice de la Fécondité » (sanscrit : *Garbha-kuksi*) ; les divers groupes de divinités et d'autres créations y trouvent place selon l'espèce de pouvoirs et d'intentions qu'ils incarnent respectivement.

Au centre, une fleur de lotus, avec son stigmate et ses huit pétales, symbolise le cœur de l'univers et forme un pendant aux neuf carrés dans le cycle des Indestructibles. Le stigmate du lotus est le siège du

Grand Illuminateur, qui apparaît assis sur un piédestal de lotus, aux couleurs variées, avec un double halo de disques rouges, emblèmes d'activité.

Les autres manifestations peuvent se diviser en deux catégories, correspondant à la sagesse et à l'amour du Bouddha central : la sagesse qui nous illumine dans la vérité de la communion universelle et qui dompte nos vices ; l'amour qui embrasse toutes les existences dans la bienfaisance compatissante du Seigneur cosmique.

Ainsi, l'univers vu sous ces deux aspects, potentiel et dynamique, n'est autre chose que la vie du Seigneur cosmique, alors que les autres émanations incarnent l'inépuisable plénitude de sa sagesse et de son amour.

La représentation graphique des deux cycles s'appellent le *mandala*, et constitue le point central des cérémonies du culte et de plusieurs mystères. La composition du *mandala* provient, en partie, de la spéculation mystique, mais aussi pour une grande part des usages rituels, d'après lesquels ces personnages et symboles étaient disposés sous le dais de cérémonie, afin d'évoquer les fonctions mystiques correspondantes.

Chacune de ces représentations est censée contenir une certaine puissance qui est la fonction essentielle de la divinité ou du symbole et qui est, en même temps, inhérente à chacun de nous.

Ainsi le culte n'est autre chose, selon Kōbō, qu'une réalisation, par l'effet du rituel mystique, de l'unité inhérente et de la communion potentielle qui existent entre la divinité adorée et l'adorateur.

Vue sous ce jour, la religion est la suggestion de cette unité fondamentale, l'union harmonieuse de notre foi avec la persuasive « puissance élevante » (sanscrit : *adhisthāna*) du Grand Illuminateur.

De cette union, résulte le fait que tout acte d'adoration possède la vertu d'évoquer, littéralement de *faire paraître à son appel*, la puissance mystérieuse du Seigneur cosmique ou de n'importe laquelle de ses manifestations.

De ce fait, les actes religieux s'accomplissent par tous les modes de notre activité corporelle, orale ou mentale.

La position assise de la méditation, le geste des mains jointes, selon les règles prescrites (1), se

(1) Cf. *Si-Do-In-Dzou, Gestes de l'officiant dans les cérémonies des sectes Tendai et Shingon.* Annales du Musée Guimet, Bibliothèque d'Etudes, tome VIII.

combinent avec l'usage judicieux de symboles et d'instruments, tels que les fleurs de lotus, les armes diverses et les foudres symboliques (*vajra*), etc., qui non seulement figurent dans la célébration des mystères, mais jouent aussi un rôle déterminé en incorporant des mouvements cosmiques dans notre propre vie.

Les exercices oraux, tels que la répétition des noms de Bouddha, des formules mystiques et des textes sacrés, sont une partie, une traduction de la parole cosmique que le Grand Illuminateur exprime perpétuellement et partout.

Le bouddhisme Shingon insiste particulièrement sur l'efficacité des formules mystiques pour l'évocation des puissances divines, et c'est là un trait caractéristique de cette branche du bouddhisme, qui tire son origine de la croyance hindoue à la vertu mystérieuse des hymnes et des formules (1).

Interprétés et maniés de cette façon, les symboles et les mystères sont susceptibles d'une variété presque

----

(1) De là cette appellation : *Shingon,* qui signifie '' mot vrai ou mystique '', et qui est la traduction chinoise du sanscrit *mantra,* hymne.

infinie, et le domaine de leurs applications est sans borne.

Les puissances mystérieuses peuvent être asservies par un simple mouvement des doigts, par la récitation d'une formule ; de même une cérémonie aussi grandiose, aussi pompeuse qu'on la voudra faire, aura le même but d'évoquer les mystères divins.

Litanies et incantations, encens et eaux parfumées, illumination de feux propitiatoires, tous les rites accomplis devant des images enluminées ou des statues richement ornées, ouvraient l'imagination extatique des assistants aux béatitudes célestes qu'ils rendaient présentes ici-bas. Aussi la peinture et la sculpture, la musique et la danse jouent-elles un rôle important dans le bouddhisme Shingon.

Ces manifestations artistiques ravissaient les esprits des aristocrates ; d'autre part, les mystères les plus simples étaient accessibles à tout moment et en tout lieu à n'importe qui.

De cette façon, l'influence de Kōbō tenait sous son charme toutes les classes de la société, en faisant appel aux cinq sens de l'homme (voire même six ou neuf, selon la conception bouddhique). Ces attraits tangibles et visibles du bouddhisme Shingon contraignirent les successeurs de Dengyō à imiter les méthodes de Kōbō ; mais cette imitation corrompit l'institution du Mont Hiei au cours des siècles.

*
* *

En plus de ses vues d'une haute envolée, de ses dons de mystagogue, Kōbō était aussi un philosophe pénétrant ; il ne pouvait satisfaire son esprit qu'en exprimant sa pensée en termes métaphysiques.

Dans ce but, et afin de montrer la supériorité de sa doctrine sur toutes les autres écoles bouddhistes, il écrivit en 823 un essai sur *Les Dix degrés du Développement spirituel*, expression dernière des doctrines qu'il avait déjà présentées dans son œuvre de jeunesse, la critique comparée des trois religions.

Un peu plus tard, il refondit son ouvrage sous une forme abrégée et sous le titre de : *La Clef-joyau du Magasin des Mystères.*

Le fond de ces deux essais consistait à retracer le développement de la vie cosmique et individuelle, depuis le degré le plus humble de l'instinct aveugle jusqu'à la pleine conscience de toutes les puissances mystérieuses de cette vie, grâce à notre communion avec l'âme du Grand Illuminateur.

Kōbō fait, à ce point de vue, la critique de toutes les religions connues de lui, qui représentaient pour lui les dix degrés du développement spirituel : il se montre là comme un dialecticien du type hégélien, en même temps qu'un mystique à tendances néo-platoniciennes.

L'introduction de la *Clef-joyau* nous intéresse particulièrement, parce que Kōbō y exprime sa conception de la vie humaine et sa profonde pitié pour les naissances et les morts répétées, auxquelles tous les êtres se laissent facilement entraîner. Il dit (1):

Vastes, vastes, extrêmement vastes
Sont les rouleaux de soie jaune (2).
Ils sont des cent, ils sont des mille, dedans et de-
    hors (3).
Profondes, profondes, très profondes

(1) L'original est en vers : dans cette traduction en prose j'ai maintenu les alinéas de l'original.

(2) Livres chinois écrits sur soie ou sur papier de couleur jaune.

(3) *Dedans* signifie le bouddhisme ; *dehors* le confucianisme, que les bouddhistes considéraient comme un enseignement superficiel de la morale.

Les voies qu'on indique et montre par centaines.

A quoi bon vivre en écrivant et mourir en lisant ?

Inconnu et inconnaissable, le soi ne connaît pas le soi ;

On pense, on pense, on pense, et nulle trace de sagesse.

Fous sont les êtres dans les trois règnes de l'existence (1),

Mais inconscients de leur propre folie ;

Aveugles les êtres dans les quatre modes de naissance (2),

Mais ignorant qu'ils sont aveugles.

Naissant, naissant et renaissant,

Dans les ténèbres quant à l'origine de la naissance ;

Périssant, périssant, périssant éternellement,

Et cependant séparés par un voile du but de la mort.

Ainsi il y a d'innombrables existences dans les mondes infinis, et la plupart sont plongées dans la

(1) L'existence corporelle, l'existence de cupidité et l'existence incorporelle.

(2) Dans le sein, dans l'œuf, dans l'humidité, et par apparition.

folie et l'aveuglement, dirigées uniquement par les besoins de l'estomac et du sexe (premier degré). Parvenus à une certaine conscience, les êtres reconnaissent la nécessité d'une direction dans la vie humaine, ils observent scrupuleusement des règles morales qui, d'ailleurs, constituent tout au plus des contraintes superficielles : c'est l'état des adeptes du confucianisme, qui insistent sur la vie morale et sont cependant privés d'illumination spirituelle (second degré). D'autres, comme les taoïstes et les brahmanes, portent en esprit leurs regards au delà de ce bas-monde, mais satisfaits de leurs facultés hyper-normales, jouissent du bonheur de l'ignorance (troisième degré).

Or, il y a une école bouddhiste qui enseigne la doctrine du non-moi et tombe dans l'extrême nihilisme (quatrième degré) ; une autre, satisfaite d'avoir extirpé les racines du *karma*, la séquence des actes et de leur récompense, s'en tient à la libération individuelle (cinquième degré).

Le Grand Véhicule, ou Vaste Communion du bouddhisme, vient alors enseigner que l'aboutissement final de toutes les existences réside dans notre propre âme : mais ses adeptes se trompent en niant l'existence du monde objectif (sixième degré).

Cette négation conduit cependant à une vision de l'entité primordiale, de la réalité transcendante, qui ne naît ni ne meurt (septième degré).

Cet enseignement de la réalité ultime équivaut à une révélation de l'identité originelle de tous les êtres, qui doivent par conséquent être tous conviés à suivre l'unique voie du salut : c'est la doctrine de l'école Tendai (huitième degré).

S'élevant encore, l'âme éclairée atteint le degré où elle a conscience que la nature du Bouddha est dans toutes les existences et où elle vit dans la vaste communion de l'âme cosmique (neuvième degré).

Mais tant que la religion se contente de cette théorie, au lieu de réaliser la pleine vitalité cosmique dans chacun et par chacun des actes de la vie, son enseignement n'est qu'une idéologie vague et incertaine.

Un pas de plus nous mettra en présence de la plénitude des mystères cosmiques, manifestés dans l'action de tous les êtres. Tel est le dixième et suprême degré de l'illumination spirituelle, représenté par le bouddhisme Shingon, non seulement sous forme de théories et de doctrines, mais par les incorporations concrètes de la vie cosmique dans notre

propre vie, principalement par la célébration des mystères et la récitation des formules mystiques. Kōbō
résume son bouddhisme dans les vers suivants :

*L'eau lustrale des enseignements ésotériques a lavé
les poussières.*
*Maintenant s'ouvre le magasin des paroles mys-
tiques,*
Où les trésors cachés viennent tous au jour,
Où toutes les vertus et les puissances se concrétisent.

Cet état où les mystères se trouvent concrétisés
s'appelle : *l'âme remplie des gloires de tous les mystères,*
que Kōbō caractérise encore comme suit :

*Les Bouddhas dans les innombrables royaumes boud-
dhiques*
*Ne sont autre chose que l'unique Bouddha au fond
de notre âme ;*
*Et les lotus d'or, aussi nombreux que les gouttes
d'eau de l'océan,*
C'est notre corps.
*Dans chacun des caractères sacrés sont contenues
des myriades de figures.*
*Dans chaque production du pinceau, du ciseau, ou
du métal*

Se manifeste la vitalité de l'univers
Où sont présentes par myriades les entités réelles
des vertus;
Et par là chacun est appelé à la connaissance
De sa glorieuse personnalité à lui, jusque dans son
être physique.

Telle est la somme des doctrines et des méthodes de Kōbō, qui exerça, comme nous l'avons vu, une grande influence sur les nobles et sur le peuple par la célébration des mystères, des rites et des cérémonies.

Son influence régit le mouvement artistique pendant plusieurs siècles, et l'inspiration que les peintres et les sculpteurs puisèrent dans le bouddhisme Shingon mérite notre admiration (1).

Malheureusement, l'abus de ces mystères était inévitable.

Non seulement les manifestations artistiques finirent par éclipser l'idéal dont elles étaient l'expression, mais les incantations et les charmes furent employés sans discernement, pour réprimer les insur-

______

(1) Cf. ANESAKI, *Buddhist Art,* chap. III.

rections, pour gagner du crédit dans le monde, pour satisfaire l'amour sexuel, l'esprit de vengeance ou toute autre faiblesse humaine. Les prêtres qui étaient censés posséder ces pouvoirs mystérieux furent indûment exaltés, et les plus ambitieux d'entre eux se mêlèrent dans les luttes politiques et les factions de cour.

En plus d'une incitation aux plaisirs sensuels, il y eut un regain de sentimentalisme efféminé, et sous l'influence de ce mysticisme exagéré, la hiérarchie bouddhique et la noblesse de cour exercèrent l'une sur l'autre une action fâcheuse.

D'où une corruption morale et une désintégration sociale qui finirent par entraîner la mort du régime aristocratique, tant dans le gouvernement que dans l'église.

C'est pourquoi, près de quatre cents ans après la réforme accomplie par nos deux novateurs, nous aurons à étudier une autre période de reconstruction sociale et de réforme religieuse.

CHAPITRE 3.

HŌNEN, LE SAINT PIÉTISTE.

Depuis le premier ou le deuxième siècle de l'ère chrétienne, l'Asie et l'Europe, isolées l'une de l'autre, avaient développé leur civilisation par des voies complètement différentes.

L'œuvre accomplie par les missionnaires nestoriens en Chine, au VIIIe siècle, n'eut presque pas d'effet sur le contact des deux civilisations, et, en fait, c'est la visite de Marco Polo, l'aventurier italien, à la cour mongole de Chine (au XIIIe siècle), qui marque le commencement des rapports entre l'Occident et l'Extrême-Orient.

Cependant, au Japon et en Italie, le mouvement religieux, ou plutôt le courant de renaissance spirituelle, présente de remarquables analogies au tournant des XIIe et XIIIe siècles.

Au Japon, il y eut, à cette époque, un renouveau de piété religieuse, dont le principal représentant, Hōnen, fut le contemporain, quoique l'aîné, de Saint Dominique et de Saint François d'Assise ; quant à Nichiren, le fervent prophète, il avait quatre

ans lorsque le Saint Séraphique mourut à la Por-
tioncule.

Nous devions attirer l'attention sur ce parallé-
lisme, sans vouloir en conclure qu'il s'agisse là
d'autre chose que d'une simple coïncidence.

Pour comprendre la renaissance spirituelle de
cette période, il est nécessaire de jeter un coup d'œil
sur les circonstances antérieures qui l'avaient pro-
duite ou, tout au moins, favorisée.

La pompe de la Cour impériale et l'autorité de
la hiérarchie ecclésiastique atteignirent leur apogée
au début du XIe siècle : les aristocrates de la Cour
prodiguaient leurs richesses, autant par goût du luxe
et de la beauté que par esprit de piété ; les abbés et
les prélats se joignaient à eux dans la culture des
lettres et des arts.

A partir de ce moment, la courbe descend ; des
symptômes de décadence et de dégénérescence se
manifestent. Toutefois les progrès de la décomposition furent lents : l'apparence de pompe et de splendeur était trop éblouissante encore pour qu'une
inquiétude sérieuse pût pénétrer dans l'esprit des
nobles courtisans et des dignitaires de l'Église.

Les historiens d'aujourd'hui distinguent dans l'histoire des XIe et XIIe siècles plus d'un symptôme de décomposition sociale : mais les contemporains n'en eurent presque pas conscience avant d'être atteints par le cataclysme.

Vers le milieu du XIIe siècle, des guerres civiles dévastent à plusieurs reprises la résidence impériale ; la crise devient évidente.

Puis les catastrophes se suivent : l'ascension et la chute des clans qui possédaient l'hégémonie ne peuvent manquer d'impressionner profondément l'esprit populaire et de lui faire sentir combien la vie humaine est éphémère. C'était la fin, aussi, de la Cour de Miyako, qui avait vécu près de quatre cents ans : une tempête de gel avait emporté les fleurs de cerisier en plein épanouissement.

Aussi un lourd pessimisme pesait-il sur le siècle ; beaucoup croyaient que la fin du monde était venue.

Or, au milieu de la corruption, la piété et la recherche sérieuse de la vérité n'avaient pas cessé d'être en honneur dans la vénérable institution du Mont Hiei.

Au fur et à mesure que la corruption de la hiérarchie devenait plus scandaleuse, des hommes sincères
se détournaient de ce régime, en quête de l'indépen-
dance spirituelle. L'inspiration la plus féconde leur
venait de la contemplation du Bouddha Amita, le
Seigneur du Paradis Occidental.

L'origine de cette foi en Amita est fort ancienne :
on la trouve déjà dans l'Inde ; par contre, il est
douteux qu'on puisse jamais établir la théorie d'après
laquelle elle serait un produit de l'influence chrétienne (1).

Quoi qu'il en soit, le fond de la foi était la
croyance que le Bouddha Amita possédait un paradis ouvert à tous ceux qui croyaient en lui et se
dévouaient à sa méditation. C'est alors que l'on
pratiqua une méthode complexe de méditation qui
avait pour objet la contemplation resplendissante
d'Amita et des gloires de son paradis, le pays de la
Béatitude de l'Occident (2). Mais une méthode de

(1) Cette théorie est soutenue par Arthur LLOYD dans son
livre : *The Creed of Half Japan.*

(2) Il est vraisemblable que la légende du paradis de l'Occident doit son origine aux regrets causés par la mort du Bouddha
Çākya-Muni, qui trépassa comme le soleil se couche et que l'on

dévotion plus simple consistait à répéter son nom avec piété.

Ce sont ces deux formes de la foi en Amita qui trouvèrent, dans le monastère du Mont Hiei, des adeptes parmi les âmes pieuses et sincères, mécontentes de la hiérarchie ecclésiastique.

Mais la caractéristique de la foi en Amita essentiellement importante pour notre exposé, c'est la croyance en son pouvoir rédempteur qu'on mit en opposition avec l'idée du salut par soi-même.

D'après l'enseignement ordinaire du Bouddhisme, chacun est son propre sauveur, bien que le Bouddha soit le révélateur du chemin du salut et notre guide dans le royaume de la Vérité. Le procédé bouddhique régulier de discipline morale et d'illumination intellectuelle est donc « le chemin du sage », la voie du salut « par soi-même ».

Ce salut par soi-même était, certes, praticable pour les hommes qui vécurent dans des âges meil-

cherchait par conséquent dans l'ouest. Un argument en faveur de cette hypothèse nous est fourni par la pratique qui consistait à contempler le soleil couchant, où l'on croyait voir apparaître le Bouddha Amita et son paradis.

leurs, mais inaccessible aux gens des temps dégénérés (1).

C'était par pitié pour ces hommes des derniers jours que le Bouddha Amita avait offert son paradis et sa méthode de salut, en faisant le vœu de sauver tous les croyants. Ainsi « le chemin du pays de la Béatitude » était ouvert à chacun, quelles que fussent sa sagesse ou son ignorance, ses vertus ou ses vices. En un mot, c'était une foi dans la rédemption par procuration, comme diraient les chrétiens ; et naturellement cet évangile toucha le peuple qui croyait la fin du monde prochaine.

Mais, quand la catastrophe du XIIe siècle eut arraché le gouvernement au régime aristocratique, et quand la vague d'inquiétude spirituelle se fut répandue largement, on vit paraître des hommes, dévots du Bouddha Amita, qui pratiquaient une piété simple et pure.

(1) Selon la légende bouddhique, les premiers mille ans après la mort du Bouddha, survenue en 949 avant Jésus-Christ, sont la période du vrai bouddhisme ; les seconds, celle du bouddhisme " copié ", et les périodes suivantes celles de la dégénérescence. Donc les bouddhistes japonais croyaient que la dernière période commençait en 1052. Cf. ANESAKI, *Nichiren,* pp. 4-5.

Alors la foi en Amita Bouddha ne fut plus une méthode technique de contemplation appropriée à quelques élus : ce fut une large porte, ouverte à tous, sans autre condition que la dévotion d'un cœur sincère.

Cette transformation de l'Amita-Bouddhisme se préparait d'une façon plus ou moins latente depuis le xiᵉ siècle, mais ce ne fut qu'au moment où la dégénérescence finale se produisit qu'elle se trouva mûre pour régir la foi du siècle.

L'heure était d'autant plus propice à l'avènement d'une foi nouvelle que le sentiment et les aspirations du peuple la réclamaient.

Mais le mouvement eût pu s'orienter autrement ou subir quelque retard, s'il n'était apparu un chef, une personnalité sainte, capable d'inspirer à la masse la pieuse dévotion.

L'homme qui acheva le développement de la foi en Amita Bouddha fut Hōnen. Une humilité digne, tel était le caractère dominant de ce nouveau chef du piétisme ; pourtant, sa conviction fut assez forte pour oser s'affirmer dans la prédication de la foi nouvelle. Un *Essai*, qu'il écrivit en 1175, fut la proclamation de l'Amita-Bouddhisme, quoiqu'il y eût plusieurs années déjà qu'il pratiquait la répétition du nom d'Amita et qu'il entraînait ses disciples dans cette voie.

L'essai était intitulé *Le Choix*, ce qui signifie le choix d'une religion pour tous, et l'abandon de l'ancien idéal de perfection bouddhique, idéal élevé mais impossible à réaliser, choix, par conséquent, du chemin qui conduisait facilement au salut par l'invocation du nom de Bouddha. Il y disait :

Parmi les hommes des derniers jours de la décadence, il peut s'en trouver qui voudraient pratiquer la discipline morale pour essayer de se perfectionner. Cependant, aucun ne réussirait à atteindre par là la vraie perfection. Cela est clairement prédit dans les Saintes Écritures.

Songez que nous vivons en un siècle plein de dépravation.

La seule porte ouverte à tous, sans exception, c'est la porte du pays de la Béatitude.

Un livre débutant par une déclaration contre

l'orthodoxie aussi hardie, et l'influence croissante de son auteur, ne manquèrent pas de plonger dans la plus vive agitation les autorités ecclésiastiques du Hiei, auxquelles Hōnen restait encore extérieurement soumis. Ces autorités lui ordonnèrent de jeter au feu les planches d'imprimerie et les exemplaires de son livre.

Hōnen s'exécuta humblement et déclara que son enseignement n'était ni un schisme ni une révolte, ce qui apaisa pendant un certain temps les autorités. Mais les convictions de Hōnen n'en furent pas ébranlées, ni les progrès de son influence ralentis : son évangile répondait aux besoins de son siècle ; d'ailleurs la sainteté de sa vie prouvait qu'il incarnait dignement l'évangile du salut universel par la grâce du Bouddha.

Hōnen était, en effet, le meilleur représentant des bouddhistes sincères et dévots dans cette époque avide d'émotion religieuse. Par son cœur ouvert et son esprit d'humilité et de douceur, il représentait le fruit de la culture et de la politesse de longs siècles de régime aristocratique ; par sa foi simple et directe, par son zèle pour le salut de tous, il était l'initiateur inspiré des temps nouveaux. Voyons maintenant la carrière spirituelle de cet homme et étudions de plus près ses enseignements.

Fils unique du gouverneur d'une province éloignée de la capitale, il naquit en 1133. Il avait huit ans lorsqu'un sort cruel frappa sa famille ; une troupe de bandits firent une razzia dans sa maison et blessèrent mortellement son père.

Celui-ci lui laissa un legs spirituel : « *Le jeune garçon ne devrait jamais songer à la vengeance* (devoir qui incombait au fils dans un cas de ce genre) ; *il devrait, au contraire s'efforcer de favoriser le bien-être spirituel, tant pour l'amour des assassins que pour l'amour de son père assassiné.* » Le père mourant pensait, en effet, qu'un acte de vengeance ne ferait qu'exciter réciproquement l'esprit de vengeance chez l'ennemi ; ainsi la haine et le meurtre se perpétueraient pendant plusieurs vies à venir : il fallait par conséquent que le jeune garçon consacrât sa vie à la religion et priât pour le salut des assassins autant que pour celui de son père.

Vous devinez quelle impression fit cette tragédie familiale sur l'esprit malléable d'un enfant sensible. Il partageait, à vrai dire, le sort de plus d'une famille de cette époque, mais l'impression fut chez lui plus durable, à cause du pieux désir que son père lui laissait en héritage.

De fait, ce legs spirituel guida Hōnen comme une

étoile à travers toute sa vie ; on raconte qu'il convertit plus tard les assassins et leurs enfants à la foi dans la rédemption par Amita Bouddha. L'orphelin pitoyable devint le sauveur d'un grand nombre d'hommes ; il combla le désir de son père, mais dans une proportion infiniment plus vaste.

L'enfant fut confié à son oncle qui vivait dans un monastère, et pendant les cinq ans qu'il passa sous sa direction, il fit preuve d'une intelligence si vive et d'un caractère si sérieux que son oncle l'envoya au Hiei, grand centre intellectuel du bouddhisme, pour s'y préparer à la carrière monastique.

Novice obéissant, moine studieux, Hōnen y vécut près de trente ans, se soumettant à toutes les disciplines qu'on y pratiquait, étudiant toutes les sciences qu'on y enseignait. Il acquit une grande réputation de talent et de vertu, et il aurait pu viser aux plus hautes dignités de la hiérarchie, s'il n'avait préféré aux honneurs les satisfactions que puise l'âme dans une foi solide.

Affamé de l'ambroisie spirituelle, il se sépara de ses compagnons pour habiter un ermitage à Kuro-dani, sombre vallon complètement isolé du monde.

Ses études, ses méditations, ses prières avaient abouti à la simple foi en la grâce d'Amita Bouddha. Pour employer sa métaphore, « il avait goûté les mets les plus délicats de la spéculation philosophique, des facultés mystiques, de la discipline morale : rien n'avait assouvi la faim de son âme que le « riz quoti- « dien » de la dévotion à Amita Bouddha. »

En atteignant la trentaine, sa conversion, qui avait mûri peu à peu, se trouva accomplie, et il avait quarante-deux ans quand il en fit la déclaration publique dans son livre *Le Choix*, dont nous avons parlé plus haut.

Malgré son agitation intérieure, sa vie au Mont Hiei ne fut marquée par aucun événement, même avant sa conversion ; après, elle continua de voguer sur la mer calme de la piété, toute ensoleillée de la grâce de Bouddha. Ce fut une existence paisible, fermement établie sur sa croyance et consacrée toute entière à répéter le nom de Bouddha et à inspirer la même foi à ses admirateurs.

Finalement, il quitta le Hiei pour vivre plus isolé que jamais à Yoshimizu, « la Fontaine de Joie ». Quoiqu'il ne se livrât point à la propagande, sa sainte personnalité attirait à l'ermitage hommes et femmes de toutes classes. La Fontaine de Joie devint, en effet, une source de paix et d'inspiration pour bien des âmes assoiffées : moines que la philosophie scolastique ou les mystères rituels n'avaient pu satisfaire ; nobles et dames de la Cour, que le brusque déclin du luxe impérial avait bouleversés et qui cherchaient le bonheur dans l'au-delà ; guerriers dégoûtés de traîner leur sabre, et qui aspiraient à une paix éternelle ; pauvres gens, que l'église aristocratique avait tenus à l'écart et qui espéraient enfin étancher leur soif spirituelle.

L'enseignement de Hōnen était en vérité très simple. Il suffisait de croire à la puissance rédemptrice d'Amita Bouddha, le Seigneur du pays de la Béatitude.

Il avait depuis longtemps, très longtemps, préparé le salut universel, en imaginant son paradis dont les portes étaient grandes ouvertes pour tous les croyants : paradis conçu tout particulièrement pour sauver l'humanité des derniers jours du monde, celle que tous les autres Bouddhas abandonnaient à ses vices et laissaient au ban du salut. Cette foi ne demandait pas autre chose qu'une confiance filiale en son amour paternel et en sa pitié. Aucun péché, aucune faiblesse de notre part, ne pouvait être un obstacle à la foi, ni à la puissance rédemptrice du Bouddha.

De même, disait Hōnen, qu'une lourde pierre chargée sur un navire peut traverser la mer et accomplir un voyage de milliers de lieues sans couler à fond, de même, malgré nos péchés, aussi lourds que des pierres, nous qui sommes portés sur le navire des vœux originels (ceux que fit Amita de nous sauver), nous pouvons accomplir le voyage (de la béatitude éternelle), sans nous noyer dans la mer des naissances et des morts.

Cette foi pieuse, Hōnen la chérissait dans son cœur et l'enseignait à autrui avec la tendre sollicitude d'un père et l'imagination mystique d'un poète. Nous citerons deux de ses poèmes :

Dans tous les pays il n'est pas de hameau si petit
Ni si caché, que la lune d'argent
Ne l'atteigne de ses rayons. De même, si un homme
Ouvre toutes grandes ses fenêtres et regarde longue
*   ment,*
La vérité céleste entrera et demeurera avec lui.

Et ailleurs :

Au printemps la brume matinale voile la lumière
Du jour naissant, et transmet à contre-cœur
Quelques lueurs jaunâtres : comme si
La pure lumière n'existait pas. Cependant, derrière
     le voile,
Voici le soleil qui inonde l'univers d'une blanche
     clarté.

Il va sans dire que la lumière de la lune ou la lumière du soleil symbolise ici la grâce omni-pénétrante du Bouddha, qui récompense la foi par la grâce du salut.

Dans cette doctrine de la grâce bouddhique, Hōnen avait des prédécesseurs, et son influence particulière est due pour une grande part à l'accord de sa doctrine avec les besoins de son temps.

Mais n'oublions pas que, par sa personnalité, il représentait dignement son évangile et qu'il semblait incarner la grâce de Bouddha.

Citons à l'appui une lettre qu'il adressa à une dame de haute noblesse :

Pensez avec amour et sympathie à tous les êtres, quels qu'ils soient, qui nourrissent un désir profond du pays de la Béatitude et qui prononcent le nom de Bouddha; pensez à eux comme s'ils étaient vos parents ou vos enfants, quoiqu'ils puissent vivre en n'importe quel lieu, et même en dehors des systèmes cosmiques.

Aidez ceux qui ont besoin d'aide matérielle en ce monde.

Efforcez-vous de raviver la foi chez tous ceux en qui vous apercevez un germe de foi.

Et considérez tous ces actes comme des services rendus à Amita Bouddha.

Telles sont les convictions qu'il affirma par l'exemple de sa propre vie. Son cœur aimant était garant de la vérité de sa doctrine, et il réussit à faire des conversions parmi les plus endurcis. Au nombre de ses adeptes, se trouvent, à côté du plus haut ministre d'Etat, les gens les plus humbles, y compris des prostituées et des voleurs.

Ses homélies et ses épîtres, que ses disciples nous ont pieusement transmises, prouvent assez la largeur et la profondeur de son inspiration ; et il nous est facile de comprendre comment tant d'hommes et de femmes purent supporter les pires angoisses de l'âme, rafraîchis qu'ils étaient par cette source vivante de bénédictions.

A ce propos, il faut remarquer le rôle que joue son inspiration religieuse dans le *Heike-monogatari*, la plus grande des épopées japonaises.

La poésie épique fleurit souvent à la suite d'une grande guerre, car le cœur humain s'émeut au rappel des vicissitudes qui accompagnent le sort des armes. Sous la menace impitoyable de la mort, l'inspiration gagne en gravité et en autorité. De là cet ardent souffle religieux qui embrase souvent la poésie épique. C'est le cas, précisément, du *Heike-monogatari*, qui décrit les luttes de clans rivaux pendant la seconde moitié du XIIe siècle, à l'époque même où vivait Hōnen.

Or, l'idée religieuse de ce poème épique, c'est l'évangile de Hōnen, l'évangile du salut universel ; et nous y voyons la plupart des personnages, hommes, femmes, hommes d'Etat ou hommes de guerre, sauvés par le saint piétiste. Si tous les récits ne sont pas véridiques, ils relatent, par contre, beaucoup de faits historiques tirés de la vie de Hōnen. Le poète nous y présente une image aussi vive de l'esprit du siècle que de la personnalité de Hōnen, en qui il voit le sauveur de son époque.

L'existence paisible de Hōnen fut troublée sur le tard par une condamnation à l'exil.

Les chefs de l'église orthodoxe n'avaient cessé de jalouser son influence ; ils mirent à profit les erreurs légères de quelques-uns de ses disciples pour amener le gouvernement à punir le maître. Quelques hauts fonctionnaires, qui lui étaient dévoués, se refusèrent à écouter ces sollicitations, mais la pression persistante de l'église finit par triompher. En 1207, Hōnen fut exilé dans une île éloignée de la capitale ; il avait soixante-quatorze ans.

Avant de s'exiler, il adressa à ses adeptes un discours d'adieu dont les termes caractérisent bien sa personnalité. Il leur dit :

Sachez que l'exil ne m'afflige en aucune façon. Je suis vieux, j'ai près de quatre-vingts ans. Quand même nous resterions ensemble, vous et moi, dans la capitale, ma mort pourrait à tout instant nous séparer dans ce monde. Si nous devons maintenant être séparés par les monts et les mers, par contre il est certain que nous nous retrouverons bientôt en paradis.

Chacun de nous doit faire face à la mort : peu importe l'endroit où nous mourrons. De plus, voilà des dizaines d'années que je suis dans la capitale, occupé à proclamer l'évangile de la grâce de Bouddha, et j'ai toujours désiré amener les gens des campagnes à répéter le saint nom de Bouddha.

Voilà une belle occasion de réaliser ce pieux désir, une occasion que le gouvernement m'offre gracieusement.

Personne ne saurait entraver la diffusion de l'évangile.

Ayons confiance dans les vœux qu'ont fait les Bouddhas de nous sauver : les êtres célestes ont juré de protéger les croyants. Je ne vois donc aucune raison de m'incliner devant les oppresseurs et de renier les exhortations que nous laissèrent les sages.

L'évangile que je proclame est, en vérité, le seul chemin par lequel l'humanité dégénérée d'aujourd'hui puisse atteindre le salut. Ayez la foi, et attendez l'occasion qui nous permettra de nous retrouver.

Il a laissé un poème qui dit :

Qu'importe que nos corps, fragiles comme la rosée,
Fondent çà et là, s'évaporent dans le néant ?
Nos âmes se retrouveront, en des jours plus heureux,
Dans le même parterre de lotus, au Paradis.

Son exil dura quatre années, et ne fit que fortifier sa foi et accroître le nombre de ses adeptes. Quand il fut grâcié et que ses disciples eurent la joie de le voir rentrer à Miyako, sa santé était déjà ébranlée.

Sa mort fut digne de sa vie, vie de sainteté qui avait sauvé bien des âmes angoissées, et qui, dans ses derniers jours, fut récompensée par des visions fréquentes du Bouddha et de ses saints. La maladie força Hōnen à s'aliter, au début de 1212, dans sa soixante-dix-neuvième année. Comme la mort approchait, sa vue devint plus claire et son ouïe plus fine. Il consacra tout son temps à répéter le nom d'Amita et à donner des instructions à ses disciples.

La dernière fut écrite sur son lit de mort : on l'appelle *Le Témoignage de la Foi sur une seule feuille*. C'est le plus concis des legs spirituels du saint piétiste.

Notre pratique pieuse, dit-il, *ne consiste pas à méditer selon le conseil des sages d'autrefois.*

Notre prière n'est pas le fruit des lumières que peuvent donner la science ou la sagesse.

Quand nous invoquons Bouddha, que nous l'appelons par son nom avec la ferme croyance que nous renaîtrons dans son paradis, nous pouvons être sûrs d'être recueillis un jour par lui.

Pour cela, il n'est d'autre mystère que de prononcer son nom avec foi.

On enseigne, il est vrai, les trois sortes de pensées et les quatre méthodes de discipline (1); mais toutes sont implicitement comprises dans notre foi, dans la certitude de nòtre naissance au paradis de Bouddha.

Quelque compréhension que l'on possède des doctrines que Çākya-muni exposa pendant sa vie, chacun doit se considérer, dès l'instant où il met sa foi en le salut d'Amita, comme l'égal des ignorants qui n'en connaissent pas une lettre; il faut mettre tout son cœur dans la méthode qui consiste à prononcer le nom de Bouddha, en compagnie des ignorants, et en dépouillant entièrement les manières d'un sage.

Quand il eut terminé cet écrit, — c'était le soir

(1) Les trois sortes de pensées sont : la pensée profonde, c'est-à-dire la méditation sérieuse sur Bouddha ; la pensée sincère, c'est-à-dire un dégoût sincère de la vie d'ici-bas et le désir du pays de la Béatitude ; enfin la pensée de consacrer tout à la cause de la foi. Les quatre méthodes sont : 1° une discipline durable de la foi ; 2° le respect des Trois Trésors ; 3° le perpétuel exercice de la foi ; 4° un exercice exclusif, la répétition du nom de Bouddha. Tout cela est enseigné dans *La Méditation d'Amita Bouddha* et ses commentaires.

du vingt-quatrième jour du premier mois de 1212 —
sa voix devint plus douce, et il ne cessa de prononcer le nom de Bouddha, jusqu'à midi le lendemain.

Ses dernières paroles distinctes furent la strophe
en l'honneur d'Amita Bouddha :

*Sa lumière pénètre les mondes dans toutes les
directions,*
Sa grâce n'abandonne point celui qui l'invoque.

Entouré de disciples dévoués, le saint expira
comme s'il s'endormait. Après son trépas, ses lèvres
semblaient articuler encore le nom de Bouddha.

La doctrine de Hōnen se perpétua par les soins
pieux de ses disciples, qui propagèrent le nouvel
évangile jusque dans les plus lointaines provinces ;
et son influence fut prépondérante au point que,
quarante ans plus tard, Nichiren y trouva le plus
formidable obstacle à sa propagande.

La religion de Hōnen fut, comme nous l'avons
pu voir, un très simple évangile du salut ; mais

certains de ses disciples ayant reçu l'éducation des vieilles écoles bouddhistes, interpolèrent dans le nouvel évangile quelques-unes de leurs théories traditionnelles.

L'une de celles-ci affirmait que notre pensée concentrée, ne fut-ce qu'une fois, sur la grâce de Bouddha, suffisait à assurer notre salut, à cause de l'identité métaphysique de son âme et de la nôtre. Cette doctrine de la *pensée unique* était une importation de la scolastique métaphysique de l'école Tendai, et le maître l'avait dénoncée comme une inutile spéculation. Elle n'en eut pas moins des adeptes et se répandit, car elle convenait bien à la mollesse des piétistes un peu tièdes.

Un autre disciple, au contraire, introduisit dans la religion de Hōnen le formalisme scrupuleux du siècle, et insista sur la nécessité des pensées « nombreuses », c'est-à-dire « perpétuelles », consacrées au Bouddha. Cet enseignement encouragea la répétition constante du nom de Bouddha : ce qui ne manqua pas de dégénérer en une routine toute mécanique.

Les opinions se divisèrent encore sur la question de savoir si — en plus de la foi et des pratiques dévotieuses — le travail moral était nécessaire, facultatif ou superflu ; litige analogue à celui qui divisa les

chrétiens, à propos de la distinction entre la foi et les
œuvres.

Un autre point servit encore de thème aux discus-
sions : la foi de l'homme doit-elle son origine à notre
propre capacité, ou seulement à la générosité du
Bouddha ? Question qui rappelle celle de la prédestination dans la théologie chrétienne.

Ces nuances d'opinions, leurs conséquences sur
la foi, sont trop subtiles pour que nous les traitions
ici en détail ; il apparaît clairement pourtant que ces
divergences doctrinales n'étaient pas dues seulement
à des systèmes, mais, pour une grande part, à la
diversité de tempérament et d'humeur des disciples.

Nous ne pouvons terminer cette conférence sans
dire un mot de Shinran (1173-1262), que l'on croit
avoir été le disciple de Hōnen, selon une tradition
peut-être erronée. En tous cas, c'est bien lui qui
popularisa la doctrine de Hōnen, en développant à
l'extrême son apologie de la foi, de préférence à la
sagesse ou à la vertu, et qui fonda la branche la plus
influente du bouddhisme de Hōnen.

Shinran ne tenait aucun compte des témoignages

de la grâce du Bouddha, tels que miracles et visions, et déclarait superflue la fréquente répétition du nom de Bouddha. Sous ce rapport, il se rattachait à la doctrine d'une *pensée unique*.

Shinran fit aussi une propagande publique contre le célibat des prêtres (1), et établit un contact plus étroit entre la religion et la vie de famille.

Il tirait ici le corollaire de la doctrine de Hōnen, selon laquelle aucune faiblesse humaine n'est un obstacle au salut, et réduisait ainsi à néant l'aversion de l'ancien bouddhisme à l'égard du mariage, considéré comme un véritable vice.

La foi, plutôt que la vertu, telle était sa formule.

De plus, cette foi elle-même, selon Shinran, était un don du Bouddha et non pas une prouesse personnelle. Notre salut résultait du vœu que fit le Bouddha de nous accueillir dans son paradis, des actes accomplis par sa procuration, et des mérites qu'il avait accumulés pour l'amour de nous.

Ainsi la clef du salut, c'était de se perdre dans la grâce du Bouddha, par une foi exclusive,

---

(1) La critique historique n'a pas établi si cette propagande est le fait de Shinran lui-même ou de ses enfants ; les conséquences pour la doctrine restent d'ailleurs les mêmes.

oublieuse de nous-même et totale en son pouvoir rédempteur. Par conséquent, la répétition même du nom de Bouddha devait se faire sans la moindre arrière-pensée d'invocation ou de supplication, uniquement afin d'exprimer notre confiance dans la foi et notre reconnaissance envers la grâce du Bouddha.

Ce trait quasi-calviniste de la religion de Shinran exerça une profonde influence sur la dévotion fanatique des disciples qui lui succédèrent, dévotion qui s'adressait non seulement à Bouddha, mais à Shinran et à ses descendants.

Shinran s'étant marié, ses enfants répandirent à leur tour la doctrine et fondèrent une tradition de succession ecclésiastique par le sang. Ce système aboutit, dans la suite, à une sorte de papauté héréditaire, pendant laquelle les descendants de Shinran furent considérés comme des vicaires du Bouddha, avec une autorité sans appel en matière ecclésiastique.

N'est-ce pas une ironie du destin que la religion d'un saint piétiste se soit transformée en fanatisme, et que les descendants d'un prédicateur populaire aient organisé une église formidable et se soient même mêlés aux guerres féodales des XVe et XVIe siècles ?

Quoi qu'il en soit, la doctrine de Shinran perpétua le piétisme de Hōnen et devait, pendant les siècles à venir, régir la foi de la plus grande partie du Japon. De nos jours encore, l'église de Shinran, connue sous le nom de Shinshū, la *Vraie doctrine*, est de toutes les sectes japonaises celle qui compte le plus grand nombre d'adhérents.

CHAPITRE 4.

NICHIREN, LE PROPHÈTE.

Transportons-nous à présent au milieu du XIIIe siècle, cent ans environ après le complet bouleversement de la vie sociale et politique du Japon. Le régime aristocratique de la noblesse de cour a succombé sous sa propre corruption. Le gouvernement est entre les mains de dictateurs militaires, qui ont établi leur quartier général à Kamakura, dans une province orientale, éloignée de Miyako. Si le sentimentalisme efféminé des siècles précédents n'a pas complètement disparu, un esprit viril et guerrier domine à présent le pays. Voilà que les conquérants mongols, qui ont déjà envahi la Chine, menacent à présent le Japon ; leurs attaques provoquent un réveil vigoureux de l'esprit national.

L'homme en qui s'incarne l'esprit religieux de cette époque, c'est Nichiren.

Sous tous les rapports, il présente un contraste complet avec le saint piétiste que nous venons d'étudier. Hōnen, nous l'avons vu, en dépit de son

ardeur de réformateur, avait gardé beaucoup du sentimentalisme de l'ère précédente ; Nichiren, au contraire, représente une nouvelle mentalité et résume
d'une façon typique le caractère vigoureux de la
population des provinces orientales. Hōnen aspirait
exclusivement à un paradis au delà du monde présent ; Nichiren, lui, ne dirige guère son effort que
dans le sens de la vie même de la nation, naturellement sous son aspect spirituel.

Nichiren est, dans une large mesure, un « nationaliste ». Son nom signifie « Soleil-Lotus ». Il sym-
bolisait par là une combinaison du vieil idéal shin-
toïque et de l'idéal bouddhique, le soleil étant image
de vie et de clarté, le lotus de pureté et de perfection (1).

A la différence de Hōnen, Nichiren connut dans
le cours de sa vie les périls et les épreuves. Tandis
que les actes et les écrits de Hōnen s'inspirent d'une
douce persuasion, les essais de Nichiren et ses
épîtres sont pleins d'une dialectique mordante, de
cris d'alarmes, d'encouragements exaltants, d'aver-

(1) On 'explique que le lotus soit un symbole de perfection
par le fait que le fruit du lotus mûrit en même temps que la fleur.

tissements vigoureux, de confessions de ses propres luttes spirituelles.

Ce fut bien, en vérité, un prophète que Nichiren : non seulement il prédit au pays l'invasion qui le menace, mais il lui montre les dangers d'une décadence spirituelle et il sourit à la vision d'une église universelle du bouddhisme. C'est un Isaïe et un Savonarole en même temps qu'un Augustin et un Dominique.

Nichiren naquit en 1222, d'une famille de pêcheurs, à la pointe sud-est du Japon. Son village natal borde l'Océan Pacifique, et les premiers rayons du soleil levant qui touchent le Japon l'illuminent.

Nichiren voyait dans ce fait, qu'il était né dans la région la plus proche du soleil, une signification providentielle pour sa destinée.

Jeune encore, il est envoyé dans un monastère, situé sur la plus haute colline voisine de son village, et il y passe ses années de noviciat.

A mesure qu'il grandit, il est plus tourmenté par la question de savoir quel est, parmi toutes les sectes bouddhistes, le véritable enseignement du Bouddha. Son effort ardent vers la solution de ce problème l'amène à Kamakura, alors siège du gouvernement militaire, puis au Hiei. Il a alors vingt et un ans. Au cours de ses années d'études, son âme reste toujours préoccupée de la même question, qui l'avait attiré dans ce centre des sciences bouddhiques.

Parvenu à l'âge de trente ans, il arrive à la conviction que le vrai bouddhisme n'est, au fond, que la doctrine enseignée par Dengyō, doctrine fondée sur l'autorité du Livre sacré, *Le Lotus de la Vérité*. Mais il est convaincu, en même temps, que l'écriture elle-même, ainsi que les enseignements de Dengyō, doivent être interprétés à la lumière des temps présents, pour répondre aux besoins d'une époque de décadence (1).

Pour Nichiren, toutes les doctrines et spéculations se fondent en un tout, dans le creuset ardent de sa foi et de son enthousiasme. Il ramène la vie religieuse totale à une méthode unique, au simple énoncé du Titre sacré du *Lotus*.

La formule : « Que soit adoré le Lotus de la parfaite Vérité ! » (en japonais : *Namu Myōhō-renge-kyō*),

____

(1) Nichiren fut sous l'influence de cette idée, autant ou plus que Hōnen. Cf. la note p. 64.

ne représente pas, à ses yeux, seulement l'énoncé verbal, mais bien la réalisation adéquate des vérités révélées par le Livre. Selon lui, l'énonciation du Titre sacré constitue la méthode efficace pour s'élever à l'illumination du Bouddha et s'identifier avec l'âme cosmique — et cette méthode convient seule aux faibles hommes des derniers jours.

Enflammé par cette conviction, il retourne maintenant au monastère qu'il a quitté il y a treize ans. En 1253, à l'aube d'une matinée d'été, il gravit le sommet d'une montagne, qui domine en cette région toute la côte du Pacifique ; de là-haut, il « proclame au monde le Titre sacré », prenant à témoin le soleil, qui se lève à ce moment sur l'Océan. Le même jour, à midi, il prêche sa nouvelle doctrine à ses anciens maîtres et à ses compagnons d'étude, en même temps qu'il se livre à des attaques amères contre les doctrines contemporaines. Mais ses auditeurs, scandalisés par l'audace de ses principes, le croient atteint de folie mégalomane ; et le jeune prophète est banni de sa province natale.

La plus grande partie des sept ans qui suivent, il les passe à Kamakura. Cette ville est alors le théâtre de scènes effroyables, bruits de complots contre le gouvernement, luttes de familles parmi la classe militaire dirigeante ; mêlés à tout cela, des tempêtes, des sécheresses, des inondations, des tremblements de terre, des famines, des épidémies, des apparitions de comètes, suscitant la panique parmi la population terrorisée.....

Nichiren voit dans ces désastres et dans cette panique le châtiment des croyances perverties, la preuve que le Bouddha et ses anges ont retiré leur protection au pays, en raison des sentiments infidèles du peuple. Il confirme ces assertions dans une remontrance, qu'il adresse au gouvernement, sous forme d'un essai intitulé *L'Etablissement de la Rectitude et la Sécurité du pays.*

Dans cette œuvre, Nichiren dénonce sans merci la décadence des temps, et rend les doctrines dominantes, surtout le bouddhisme d'Amita, responsables des malheurs du présent. Pour lui, tous les chefs du bouddhisme, traîtres et hypocrites, conduisent la nation dans une mauvaise voie et sont, par conséquent, voués aux enfers.

Le seul moyen de parer aux calamités générales est la suppression par le gouvernement de toutes ces fausses religions, et la conversion de la nation à la vérité unique, à la Vérité du Lotus, telle qu'il l'a proclamée. Toute autre conduite mènerait la nation à la ruine, la guerre civile et les invasions étrangères venant encore s'ajouter aux autres calamités.

L'essai se termine par les mots suivants :

Malheur à eux ! Ils ont manqué l'entrée de la porte qui mène au vrai bouddhisme; ils sont tombés dans les cachots des fausses doctrines...

O hommes de peu de foi ! Tournez vos âmes, sans tarder, vers la seule Vérité de la voie droite, et ayez confiance !

Vous apercevrez alors que les trois règnes de l'existence sont, en réalité, le Royaume de Bouddha qui ne peut périr, et que les mondes dans les dix directions sont les Contrées des Trésors indestructibles.

Le Royaume est immuable, les Contrées sont éternelles.

Comment votre vie ne serait-elle pas sûre, comment vos esprits ne seraient-ils pas sereins, dans l'illumination ?

Le gouvernement ne répondit pas à cette remontrance. Mais tandis que le prophète déclamait, la foule l'attaqua, probablement avec le consentement tacite des autorités. Son ermitage fut incendié, et lui-même ne dut son salut qu'à une fuite rapide dans l'obscurité de la nuit.

Quand, après plusieurs mois de vie errante, il revint à Kamakura, il renouvela ses avertissements.

Le gouvernement considéra alors ce moine audacieux comme un perturbateur, et l'envoya en exil sur la côte sauvage de la péninsule d'Izu, où il fut abandonné à la merci des flots et des éléments.

Dans la solitude de l'exil, sous la menace des périls qui l'environnent, Nichiren réfléchit sur sa vie passée, et se livre à une nouvelle étude de l'Ecriture à la lumière des épreuves qu'il a subies. Ses réflexions lui inspirent le courage, la confiance dans sa mission ; il s'élève à une source plus profonde d'inspiration. Il donne une forme à ses pensées sereines, à ses ardentes inspirations, dans les « Cinq Thèses » de l'œuvre de sa vie.

Ces cinq thèses sont :

1° *La doctrine :* Sa religion est fondée uniquement sur le *Lotus*, épanouissement de tous les enseignements du Bouddha, unique révélation de sa vraie pensée.

2° *Les possibilités d'enseignement* : L'humanité des derniers jours ne peut avoir accès qu'à la plus simple expression de la vérité, et non à un système compliqué, ni à un dédale confus de méditations et de mystères.

3° *L'époque* : Nous sommes arrivés à l'époque de ce qu'il nomme « la Loi postérieure » (1); le *Lotus* seul reste accessible pour le salut de tous.

4° *Le pays où la vérité unique sera proclamée* : Le Japon doit être le pays où prévaudra le vrai bouddhisme et d'où il se propagera dans le monde entier.

5° Enfin, *l'ordre dans lequel apparaissent et disparaissent les systèmes* : Chacune des diverses doctrines a rempli sa tâche, en ouvrant la voie à l'acceptation de la parfaite Vérité.

Nichiren pensait que ces cinq conditions du triomphe du *Lotus* étaient accomplies ; et il se regardait comme l'homme appelé à parfaire l'œuvre annoncée, à réaliser les prophéties du Livre.

(1) Comp. pp. 64, 90.

Un exil de trois ans aboutissait ainsi à fortifier sa foi en sa mission.

A son retour d'exil, en 1263, il se trouve entouré d'adeptes ardents, en nombre accru ; il se remet donc à l'œuvre avec plus d'enthousiasme et plus d'intransigeance encore. Il entreprend alors des voyages au cours desquels il est en butte à de nouveaux périls et n'échappe qu'à grand peine à la mort, tant les persécutions deviennent de plus en plus violentes et acharnées.

Vers cette époque, le péril de l'invasion mongole est imminent, des délégués mongols sont sans cesse envoyés au Japon et exigent la soumission du pays. Nichiren saisit cette occasion pour répéter ses avertissements, et rappeler au gouvernement et aux dignitaires de l'Eglise ses appels prophétiques d'il y a huit ans.

Devant ses défis, ses appels constants à une conversion générale à sa religion, le gouvernement finit par accuser le moine insolent de trahison et le condamne à mort. L'exécution est fixée au douzième jour du neuvième mois de l'an 1271, à minuit. Tout est prêt pour le supplice... Soudain, et miraculeusement — car lui-même, comme les témoins, y vit un miracle — le ciel s'illumine, « une vaste apparition semblable à un globe de feu, écrit-il dans ses mémoires, traverse le ciel du sud-est au nord-ouest, et à cette lumière toutes les faces sont éclairées. »

Le sabre tombe des mains du bourreau, les autorités sont prises de peur ; la condamnation à mort ne peut être exécutée. Force est d'exiler à nouveau le moine détesté.

Mais ce quatrième danger de mort, auquel il vient d'échapper, a fait sur lui une profonde impression. Il considère la période de sa vie qui s'ouvre à présent devant lui comme une seconde vie, la vie après une résurrection. Les cinquante années de sa vie passée ne lui apparaissent plus que comme une introduction, un prélude à sa grande mission. Dans une joyeuse espérance, il accepte le bannissement, avec la conviction que va seulement commencer la véritable œuvre de sa vie, la révélation de son vrai idéal, de sa destinée.

Son lieu d'exil est un îlot désolé de la mer du Japon, bien loin dans le nord (1). Quand il arrive

(1) Il faut tenir compte de ce que Nichiren avait vécu presque toujours sur la côte méridionale du Japon ; il y a une grande différence de climat entre la côte du Pacifique et celle du nord-ouest.

au port où il doit embarquer, le vent d'hiver fait rage, la mer est déchaînée. Il franchit vagues sur vagues, qui tourbillonnent devant lui comme autant de symboles de ses anciennes épreuves et des dangers futurs qui menacent encore sa mission. Moment décisif dans ses réflexions sur sa destinée, dans la confirmation de sa foi !

Une lettre écrite à cette occasion apporte un témoignage remarquable de la marche de sa pensée, qui mûrit dans la conviction d'une affinité mystérieuse entre lui-même et les saints annoncés dans le *Lotus*, ceux qui doivent apparaître pour sauver les peuples dans la période des derniers jours.

Nichiren passe l'hiver parmi la neige et les glaces, dans une hutte abandonnée, souffrant à l'extrême du froid et de la faim. C'est un miracle qu'il puisse supporter ces épreuves. Sa méditation se reporte sur ces saints, dont la venue, aux jours de décadence, était annoncée, et qui doivent supporter les persécutions pour propager la doctrine du vrai bouddhisme. Mais ces réflexions sur lui-même se lient inséparablement à l'idée de son pays, élu pour donner naissance au prophète et pour devenir le centre de l'Eglise universelle.

En somme, ces trois ans d'exil dans une île désolée marquent une crise dans la vie de Nichiren ; il achève, pendant ce temps, le second de ses « Grands Mystères », la représentation symbolique de l' « Etre suprême », le premier mystère étant la proclamation du Titre sacré, qu'il avait révélé vingt ans auparavant.

Avant de voir ce qu'il entendait par ce second mystère, nous allons lire un document, expression fervente de la foi de Nichiren en sa propre mission ; c'est un extrait de l'essai qu'il écrivit pendant le premier hiver de son exil.

Il passe en revue différentes religions et divers systèmes de morale, dans le but de démontrer la signification de sa propre mission, grâce à laquelle il parviendra à éliminer ce qu'il y a de faux dans les autres doctrines et à les élever toutes jusqu'à la perfection finale, dans la lumière du *Lotus*.

Pour y arriver, il est prêt à supporter toutes les persécutions, et il dit en conclusion :

Enfin, que les êtres célestes me retirent leur protection, que tous les périls s'acharnent après moi ! Même alors je dédierai ma vie à cette cause... Dans le bonheur comme dans les tourments, s'écarter du Lotus de la

Vérité *signifie tomber dans les enfers. Je resterai, jusqu'à la fin, fidèle à mes premiers serments.*

Si quelqu'un me disait : « Tu peux monter sur le trône du Japon, si tu consens à rejeter le Livre et à atteindre les joies futures par la croyance au Bouddha Amita », ou bien : « Tes parents subiront la peine de mort, si tu ne prononces pas le nom du Bouddha Amita », je ferais face inébranlablement à de telles menaces et tentations, je ne serais jamais ému par aucune d'elles, à moins que mes propres principes ne fussent détruits par la réfutation d'un sage.

Les périls, quels qu'ils soient, seront comme des grains de poussière devant la tempête.

Je serai le Pilier du Japon. Je serai l'Œil du Japon. Je serai le Grand Vaisseau du Japon.

Ces serments resteront inviolés.

Quand fut passé le premier hiver, et que la brise printanière se mit à souffler, sous le clair soleil, la vie lui fut plus douce. Plusieurs habitants du pays s'étaient convertis à sa religion, et ses adeptes anciens de la grande île lui apportaient quelques consolations.

L'année suivante (1273), il écrit un autre essai important sur *L'Introspection spirituelle de l'Etre suprême*, et compose une représentation graphique de l'Etre suprême, le second de ses mystères, auquel nous avons fait allusion tout à l'heure.

L'Etre suprême est, selon lui, le Bouddha en tant qu'entité vraie de l'univers, l'âme cosmique en pleine possession de toute la vérité de l'existence. En d'autres termes, la personne du Bouddha, dans sa réalité éternelle, dans sa pleine signification, est identique à l'univers même.

La nature du Bouddha, d'autre part, est inhérente à chaque existence humaine ou céleste, et même animale ou démoniaque.

Ainsi tout être, s'il est illuminé par le Bouddha, vit en communion réelle avec tous les autres êtres, parce que la même nature du Bouddha est à la base de toutes les existences et de toutes les actions. De sorte que l'Etre suprême n'est simplement ni l'aspect personnel du Bouddha, ni la vérité abstraite de l'existence, mais la fusion complète de ces deux aspects de l'univers, que doit et peut réaliser et vivre toute âme illuminée.

En donnant une représentation graphique de sa conception de l'Etre suprême, Nichiren voulait donner à l'adoration un modèle type, et mettre en pleine lumière, de façon concrète, le lien intrinsèque qui rattache la vie individuelle à la vie universelle.

Le thème graphique, en conséquence, était à ses yeux une figuration en miniature du Cosmos, comprenant toutes les sortes d'existences, réunies dans l'adoration du *Lotus de la Vérité* et illuminées par la sagesse et la pitié du Bouddha.

La représentation, cependant, n'était ni une peinture ni un symbole, mais un groupement systématique des noms et désignations de toutes les sortes d'êtres entourant le Titre sacré de l'Ecriture fondamentale.

En d'autres termes, le Titre sacré, pris en lui-même, était une réalisation verbale de l'âme cosmique qui s'y incarnait, tandis que la représentation graphique de l'Etre suprême permettait l'introspection spirituelle, et fournissait le type offert pour une forme concrète de l'adoration. Tous deux sont identiques dans leur essence métaphysique et différenciés seulement pour les besoins des exercices religieux.

Après cet effort, Nichiren était à l'apogée de sa mission ; il considérait la représentation de l'Etre suprême ainsi compris comme l'œuvre principale de la période essentielle de sa vie.

Après un exil de deux ans et demi, Nichiren fut libéré et retourna à Kamakura.

Cela signifiait que le gouvernement consentait à conclure un compromis avec le prophète. Ce changement d'attitude était dû principalement à l'irruption des envahisseurs mongols et à la perspective d'une nouvelle invasion sur une plus grande échelle.

Nichiren rentra triomphalement à Kamakura. Le gouvernement lui proposa d'appuyer officiellement sa propagande, à la condition qu'il cesserait ses attaques violentes contre les autres bouddhistes. Mais le prophète ne se souciait point de voir sa propagande autorisée, comme une école parmi tant d'autres, ce qui était contraire à l'idée fondamentale de sa mission. Un mois se passa en négociations ; puis nous le voyons dans une retraite solitaire, au milieu des montagnes escarpées de Minobu, sur les pentes ouest du Mont Fuji. Ceci se passait en juin 1274 ; il avait alors cinquante-deux ans.

Le prophète fougueux s'était brusquement transformé en un reclus silencieux. Ce changement d'attitude a été interprété de diverses manières ; mais le prophète s'est expliqué lui-même à ce sujet.

Il avait donné publiquement ses avertissements au gouvernement et à la nation à plusieurs reprises et avec vigueur, et cependant on était loin de réaliser le sens de sa mission. De son côté, il avait accompli les « cinq thèses » de sa vie, et il avait achevé deux de ses trois mystères, la proclamation du Titre sacré et la représentation de l'Etre suprême.

Un seul restait encore à proclamer : l'établissement du Siège central de l'Eglise universelle du bouddhisme, destinée selon lui à gouverner le monde pour les myriades d'années des temps futurs. Quoiqu'il crût fermement à la réalisation de cette idée, il en renvoyait l'accomplissement à un futur indéterminé. Par contre, ses disciples étaient pleins d'un fervent enthousiasme dans l'attente du grand « Jour ».

Etroitement liés à cette idée étaient le sens profond qu'il avait de ses propres péchés, et sa conception de l'expiation. Ce point demande quelques éclaircissements.

Ce que Nichiren entend par péché, c'est rester étranger à la vérité du *Lotus*, ce qui équivaut à la séparation de l'individu de l'unité fondamentale, de la continuité de la vie universelle.

Mais le péché n'est pas seulement un fait individuel, il est commun à tous les êtres coupables du même péché. Et qui peut en être innocent ?

Nichiren estimait que toutes les persécutions, toutes les épreuves subies par lui, étaient un moyen d'expier ce péché, pour son propre salut, et tout ensemble pour le salut de tous les êtres, y compris ses persécuteurs et ses ennemis. Il avait fait, quant à lui, quelque chose pour l'expiation par les périls traversés et en soutenant sans faillir la cause de la vérité. Mais l'expiation personnelle n'était qu'une faible part de l'expiation ultime et universelle, quoique la part de Nichiren y fût la clef de voûte du salut général.

Vue dans cette lumière, la réalisation complète du plan idéal de Nichiren supposait la propagation totale de sa religion dans le monde entier ; pour que l'œuvre fût achevée, il fallait que tous les êtres humains eussent été convertis et eussent pleinement expié leurs péchés.

Ainsi l'expiation, au sens plein du mot, même de la part de Nichiren, serait incomplète tant que le monde ne serait pas uni dans la même foi du vrai bouddhisme ; et il concevait parfaitement qu'une telle œuvre ne serait pas achevée dans l'espace de sa seule existence.

Tout cela, sans doute, nous paraît vague et décevant ; cependant, Nichiren sentait dans l'univers une prédestination à l'établissement final d'une vraie église universelle du bouddhisme.

Durant les dernières années de sa vie de retraite, l'esprit de Nichiren est concentré dans la prière et dans la préparation de la venue de cette église idéale.

Cette vie de prière est en même temps une vie d'expiation, dans le sens étroit de mortification personnelle et d'abstinence.

Il habitait alors une petite cabane dressée dans un vallon humide ; sa nourriture était simple et réduite à l'extrême ; il refusait les offrandes que lui apportaient des adeptes fortunés.

Ainsi cet homme, qui avait souffert la persécution et l'exil, vivait à présent dans une vie de privation librement consentie et dans un exil volontaire.

Il voyait là un moyen d'expiation.

Cependant il était, d'autre part, un grand optimiste ; il considérait son vallon comme un paradis terrestre, du fait qu'il y vivait. A ses yeux, rochers, arbres, ruisseaux, neige et pluie, tout prenait l'aspect du paradis de son rêve, tel qu'il devait se réaliser sur la terre, en même temps que serait établie l'église idéale.

C'est que Nichiren concevait l'église bouddhique du monde comme une extension, une projection de son idée du pays du Bouddha, inhérent à toutes les âmes et réalisable dans la communion universelle des vrais bouddhistes. Il croyait ainsi à une transformation, quelque peu surnaturelle, mais non miraculeuse, de ce monde même ; et c'est elle qu'il appelait dans ses prières.

Sans doute, Nichiren était un visionnaire, mais il était aussi un homme d'action et de sens pratique.

Son plan idéal s'étendait au monde entier. Mais il croyait, en même temps, que la transformation du monde commencerait au Japon, et que le siège central de l'Eglise universelle du bouddhisme serait installé au Japon. On raconte même qu'il envoya un de ses disciples préférés choisir au pied du Mont Fuji un emplacement pour le futur siège sacré.

Sa foi en la mission de son pays était due, en partie, à son patriotisme ; mais, à son tour, il devait son patriotisme à une foi profonde en sa mission. En d'autres termes, le Japon était une terre sacrée, parce que le prophète de la religion du monde y était né et y travaillait à la propager. Sa propre personne qui avait, dans sa vie, rempli les conditions du prophète, était une incarnation de la Vérité et un messager du Bouddha. Comment alors aurait-il pu entretenir aucun doute au sujet de la destination idéale de son pays et de l'accomplissement de ses plans universels ?

Sous l'apparence d'un ermitè, mais en réalité réformateur, prédicateur, patriote et prophète, Nichiren fut le témoin anxieux des invasions mongoles répétées (1274 et 1281) qui dévastèrent les îles occidentales et se terminèrent par leur anéantissement final dans la tempête.

Ces événements ne le troublèrent cependant pas dans sa résignation calme au destin, ni dans sa confiance absolue dans les destinées de son pays et de son œuvre. Invariable était sa prière ardente pour l'avenir de son plan idéal.

Le prophète atteignait maintenant sa soixante-et-unième année, sa santé avait été dans les derniers temps très ébranlée.

Et voici que l'automne de sa neuvième année de retraite arriva, et Nichiren pensait :

Notre Seigneur Çākya-muni passa, dans la dernière période de sa vie, huit années sur le Pic du Vau-

tour et y révéla le Lotus de la Vérité ; *alors il descendit la montagne et marcha au nord-est vers Kuçinagara. Là il entra dans la grande fin.*

Dans cette pensée d'imiter la vie du Bouddha, Nichiren quitte son cher Minobu, et prend sa route vers le nord-est. Il arrive à Ikegami, à proximité du Tōkyō d'aujourd'hui ; là, la maladie le contraint à s'arrêter ; près d'un mois se passe au cours duquel il prêche à nouveau sa première œuvre, *L'Etablissement de la Rectitude*, l'essai de début de sa vie publique, qui lui avait attiré des persécutions.

Sa vie entière, quand il la passait en revue, lui semblait un commentaire à ce premier essai, non point œuvre du pinceau, mais œuvre de larmes et de sang ; et il le confia à ses disciples comme son héritage spirituel.

Le treizième jour de la dixième lune de l'an 1282, à minuit, il rendit le dernier soupir, entouré de ses amis dévoués, et récitant avec eux les « Vers de l'Eternité », le noyau du *Lotus*.

L'ardeur prophétique de Nichiren, sa constance dans les épreuves, servirent d'exemple à beaucoup de ses disciples monastiques et de fidèles laïques. Du vivant même du maître, le champ de leur activité s'étendit sur presque toutes les provinces orientales, pour atteindre bientôt les régions nord et ouest.

En 1294, le plus jeune de ses disciples commença sa propagande à Miyako, et s'adressa directement à la Cour impériale. Depuis lors, les partisans de Nichiren agirent avec une volonté obstinée dans la résidence impériale, et livrèrent des combats sanglants aux autres bouddhistes.

En 1295, un autre de ses disciples partit vers le nord, et l'on croit qu'il prêcha parmi les Aïnos et qu'il passa ensuite sur le continent asiatique. Jusqu'à nos jours, les nichirenites ont toujours eu la réputation d'implacables fanatiques, et nous verrons qu'il y a eu une renaissance de la religion de Nichiren dans le Japon moderne.

La propagation de l'enseignement bouddhique de Nichiren était due, dans une grande mesure, au prestige de sa forte personnalité, qui trouvait un écho profond et immédiat dans le tempérament robuste des populations du Japon oriental ; ces populations avaient toujours entretenu un sentiment de révolte

contre le ritualisme et le sentimentalisme du bouddhisme de la noblesse de cour. Aussi, parmi les
adeptes de Nichiren, trouvons-nous beaucoup de
guerriers et de paysans. Beaucoup aussi de femmes
au caractère énergique : Nichiren savait leur plaire
par la douceur de ses paroles, en même temps
qu'il les fortifiait dans leur foi. La personnalité et
l'enseignement du maître donnaient à l'esprit vigoureux de ces hommes et de ces femmes une vive
satisfaction ; à leur sentiment patriotique une jus-
tification exaltée ; à leurs aspirations universelles et
transcendantes un plein contentement.

Cependant, les succès immédiats n'avaient que
peu de signification pour l'idéal de Nichiren.

Cet idéal était trop vaste et trop élevé pour le
Japon d'alors, et peut-être même pour ce monde
mortel.

Tel nous est apparu, brûlant du feu de l'enthousiasme, ce prophète fervent ; mais, au même siècle,
la vie de beaucoup de Japonais s'écoulait dans la
pureté calme et tranquille d'une lumière lunaire.

C'était grâce à l'influence de l'exercice spirituel
du Zen dont nous allons maintenant nous occuper.

CHAPITRE 5.

INTRODUCTION DU BOUDDHISME ZEN ET SES EFFETS SUR LA CIVILISATION JAPONAISE.

En examinant dans son ensemble l'histoire de la civilisation japonaise, nous pouvons discerner clairement les courants de culture et de pensée qui prennent leur origine dans l'Inde, et, à travers la Chine, passent au Japon et y font époque dans le développement de la civilisation.

Comme l'a écrit Okakura (1) : « Le Japon se trouve être ainsi le musée de la civilisation asiatique ; et pourtant il en est plus que le musée, parce que le singulier génie de sa race le porte à méditer sur les idéaux de toutes les époques du passé, avec cet esprit de vivant *advaitisme* qui accueille le nouveau, sans renoncer aux anciennes traditions. »

Je ne me propose pas de dogmatiser, ainsi que le

(1) OKAKURA, *Les Idéaux de l'Orient* (traduction française par Jenny SERRUYS), pp. 35-36. *Advaitisme* équivaut à *monisme*, le monisme du Vedānta, qui ramène toutes les diversités à l'unité suprême.

fait Okakura, sur l'unité de l'Asie ou les rapports de race entre Japonais et Hindous, mais je désire simplement mettre en évidence la continuité de ces courants d'idées et de culture, telle qu'elle apparaît avec la plus grande clarté dans l'introduction du bouddhisme Zen au Japon et dans ses effets sur la civilisation japonaise.

La foi pieuse de Hōnen n'était qu'un épanouissement, particulier au Japon, d'une branche du bouddhisme qui, née dans l'Inde et répandue parmi les Chinois, ne réalisa qu'au Japon toutes ses conséquences d'une religion de pure piété.

Dans le cas de Nichiren encore, la doctrine était venue de l'Inde et de la Chine, mais elle prit forme grâce au génie pratique des Japonais et se modela sur la personnalité caractéristique du prophète.

Le XIIIe siècle fut une période de l'histoire du Japon, où l'esprit du pays s'éleva à un haut degré, et où sa civilisation réalisa son développement national. Et pourtant, d'un autre côté, la même période marqua, dans cette civilisation, le début d'une évolution qui devait, non seulement influencer la vie et les idées de la classe gouvernante et combattante, celle des *samourai*, mais aussi pénétrer dans la vie journalière de tout le peuple et jusque dans l'intimité domestique, et cela grâce à l'introduction du bouddhisme Zen, à la fois œuvre de réformateurs nationaux et de missionnaires chinois.

C'est sous ce double aspect d'esprit de réforme intérieure et d'action venue du dehors, que doivent être examinées les circonstances qui rendirent possible un nouvel élan de religion et de civilisation.

La Chine avait été menacée, dès les débuts du XIIe siècle, par l'invasion des Mongols du nord ; et bientôt sa dynastie nationale des Song, abandonnant sa souveraineté dans le nord, s'établissait seulement dans le sud. On ne saurait exagérer l'importance de ce déplacement géographique de la civilisation chinoise. De toutes façons, la dynastie Song était réduite à une situation sans espoir dès le commencement du XIIIe siècle, bien que son extinction finale ait pour date 1279. Les nouveaux maîtres de la Chine, les Mongols, étaient superstitieusement éclectiques dans leur religion ; leurs incursions firent beaucoup souffrir les bouddhistes du sud, dont la civilisation était remarquablement pure, et qui avaient toujours gardé une culture mentale propre au génie poétique de la Chine méridionale.

Aussi, quand l'influence des envahisseurs devint

croissante, quelques bouddhistes chinois cherchèrent-ils un sol nouveau, où ils pourraient perpétuer leur héritage spirituel. Ces réfugiés étaient en même temps des missionnaires ; ce qu'ils apportaient au Japon était le bouddhisme Zen, une combinaison de la pratique contemplative des Hindous avec l'esprit transcendental des Chinois du sud.

D'un autre côté, comme nous l'avons vu (1), l'exercice spirituel du bouddhisme n'avait pas cessé d'être cultivé par les bouddhistes japonais, et il constituait toute une partie de l'éducation dans les monastères du Mont Hiei. Quelques-uns, se révoltant contre le formalisme de la hiérarchie, réduisaient toute leur discipline au seul exercice spirituel ; mais d'autres s'efforçaient de donner une impulsion nouvelle à leur entraînement mental, en le purifiant de son association avec les mystères compliqués du bouddhisme Shingon.

C'est au moment de cette crise spirituelle, dans la dernière partie du XIIe siècle, qu'une lumière nouvelle vint de Chine. Le Japon avait rompu toute communication avec ce pays depuis le commencement

(1) Chapitre 3.

du Xe siècle, mais les rapports furent rétablis dans les dernières années du XIIe. L'un de ces chercheurs de lumière nouvelle, un nommé Yeisai, saisit l'occasion de s'y rendre. Il y acquit la parfaite connaissance de la discipline spirituelle du Zen et la rapporta au Japon, en 1191. Quelques autres le suivirent bientôt, qui travaillèrent pour la même cause ; nous parlerons plus tard de l'un d'entre eux, nommé Dōgen.

L'esprit de la nouvelle méthode fut bien accueilli par quelques personnalités de l'aristocratie militaire qui, tout en n'étant pas très zélées au fond, l'adoptèrent néanmoins à titre de nouveauté. La diffusion de la discipline Zen fut rendue plus intense encore par l'introduction des marchandises chinoises et surtout des œuvres d'art, parce que, dans le bouddhisme Zen, la pratique de la méditation était, pour la plus grande part, matière de goût esthétique, ainsi que nous le verrons bientôt.

Le Zen (1) était une simple méthode intuitive

(1) Zen est l'équivalent sino-japonais du sanscrit *dhyāna,* ou du pāli *jhāna.* A ce sujet, cf. ANESAKI, *Buddhist Art,* chap. IV ; K. NUKARIYA, *The Religion of the Samurai* (London, 1912).

d'exercice spirituel ; ses sectateurs se donnaient pour but d'atteindre à la pureté de l'âme et, par suite, de se garder soi-même hors des troubles de la vie humaine.

Suivant une légende, le Bouddha, dans une assemblée de ses disciples, prit une fois une fleur dans sa main et sourit. Nul de ceux qui étaient présents ne comprit ce sourire ; seul, Mahā-Kāçyapa, le plus grand de ses disciples, saisit l'énigme et répondit au maître par un même sourire, qui impliquait la transmission des mystères de l'univers.

Telle est l'histoire de l'origine du Zen et un exemple de la conversation Zen, soit en paroles, soit sans parole aucune. Si vous demandez ce que signifie le sourire du Bouddha, vous devez vous tenir pour satisfait de savoir qu'il n'existe, dans le langage usuel, aucune réponse capable d'en exprimer la signification et que seul un entraînement spirituel dans la pratique du Zen peut permettre une vision intuitive du secret de cette conversation transmise par un sourire.

Bravant le raisonnement et la logique, le zeniste s'efforce de s'affranchir des modes habituels de la pensée, et il refuse toujours de formuler sa doctrine, parce que toute mise en formules paralyse la vie et rend l'âme inerte.

Mais pour en indiquer tant bien que mal la notion,

je dirai : le but du Zen, c'est en somme de nous donner l'assurance intuitive d'avoir découvert, au tréfonds de notre âme, l'entité qui dépasse et remplace toutes les différences individuelles et les mutations temporaires.

Cette entité s'appelle « esprit », ou « âme », ou « nature fondamentale » (de l'univers et de l'esprit). Elle implique la suprême unité de l'existence, unité latente et infuse dans tous les êtres particuliers et leurs changements, unité qu'il ne faut pas chercher dans le monde extérieur, mais qu'on peut trouver directement en soi-même. Cependant, ce même « soi » se manifeste en n'importe quel être, par exemple dans la fleur que le Bouddha tenait à la main, et il est reconnu pour ce qu'il est par une âme éclairée.

Lorsque la discipline du Zen vous a rendu conscient de cette « nature fondamentale », ou « trait primordial » du soi, ainsi que de l'univers, on a absorbé l'univers en soi, ce qui revient à dire qu'on s'est identifié avec le Cosmos.

Voilà l'essence de la philosophie Zen, traduite autant que possible en notre langage.

Mais, je le répète, le Zen n'était pas tant une théorie ou une spéculation qu'un exercice mental et la méthode même de cet exercice.

D'abord, les bouddhistes hindous pratiquaient la discipline mentale par la méditation tranquille, c'est-à-dire surtout au sein de la nature, dans les bois, sur les sommets ou au bord d'une source.

« Pour celui qui n'a rien, ni personne, devant ou derrière lui — ainsi chantait un disciple de Bouddha méditant dans la forêt (1) — la solitude des bois est un plaisir infini ! »

Mahā-Kāçyapa (2), dont nous avons déjà cité le nom, absorbé dans la contemplation au sommet d'un pic montagneux, laisse tomber de sa bouche ces vers :

> *Ayant fini son étape journalière pour recueillir des*
> *aumônes, Kāçyapa médite*
> *Sur la cime du mont, libre de toute passion.*
> *Les clairières des hautes cimes où la hareri déploie*
> *ses guirlandes,*
> *Où retentissent les appels des éléphants,*
> *Tels sont les pics où se complaît mon âme !*
> *Pareils aux créneaux des nuages d'un bleu sombre*
> *ou aux pinacles d'une forteresse*

(1) *Thera-gāthā*, vers 537 ; Mrs. RHYS DAVIDS, *The Psalms of the Early Buddhists*, II, p. 252.

(2) *Ibid.*, vers 1060, sqq. ; pp. 363-64.

Où se répercutent les échos magnifiques du peuple
   de la jungle,
Tels sont les pics où se complaît mon âme !

Dans cette intimité avec la nature se développaient naturellement l'amour et une délicate compréhension de celle-ci, particulièrement dans son contraste avec la turbulence de la vie humaine.

Sans nous attarder sur ce naturalisme bouddhique dans l'Inde, voyons quel accueil il trouva en Chine.

Là le génie pratique et la préoccupation éthique étaient représentés par le confucianisme ; la compréhension de la nature et son expression, la poésie de la nature, étaient cultivées dans le taoïsme.

« Vivre dans la nature, penser, sentir et agir comme notre mère, la nature elle-même », telle était la maxime fondamentale du taoïste.

Le vent, flûte de la nature, dit un taoïste (1), *en soufflant dans les arbres et sur les eaux, chante mainte mélodie.*

(1) Le philosophe Tchouang-tseu, qui vivait au v° siècle avant l'ère chrétienne. Ce passage est cité dans OKAKURA, *Les Idéaux de l'Orient* (traduction française par Jenny SERRUYS), p. 63.

De même le Tao, le grand Verbe, s'exprime à travers des esprits et des âges différents et demeure toujours le même.

Ce même taoïste s'efforce dans son livre de démontrer l'immensité du monde en invoquant diverses comparaisons, à seule fin de rendre toujours présente à l'esprit l'existence de l'infiniment grand comme de l'infiniment petit. En regard de ces infinis, tout raisonnement, tout intérêt humain n'est que puérilité. Le but final, c'était de rester au-dessus de toutes les agitations et émotions de la vie humaine et de confondre sa personnalité avec la perpétuelle sérénité de l'immense nature. Bref, le « libre vagabondage », c'est-à-dire la complète émancipation du soi, était toujours censé résulter de la vie au sein de la nature.

Citons un autre Chinois, l'un des « Sept Sages du bosquet de bambous », chez qui le naturalisme taoïste s'unissait au mysticisme bouddhique : il chante l'homme idéal :

Il est un grand sage :
Pour lui la vie du ciel et la vie de la terre ne font
qu'un matin,

Des myriades d'éons ne sont qu'une minute du temps,
Le soleil et la lune ne sont que les fenêtres de sa chaumière,
Les cieux dans les huit directions lui servent de jardin.
Monté sur un char sans roues, il va partout ;
Il n'a point de demeure définie ;
Le firmament lui sert de tente, la terre lui sert de natte.

Ainsi, nous voyons en Chine le mysticisme naturaliste du bouddhisme hindou se combiner avec le détachement de la vie, si cher aux taoïstes (qui sont surtout des Chinois du sud), et si souvent chanté par eux.

Tout naturellement, ces taoïstes bouddhistes vivaient surtout « hors du carré « (*fang-wai*, en chinois), nous dirions : hors du cercle de la vie sociale, c'est-à-dire dans les bois, sur les montagnes, « là-haut », comme ils disaient, au-dessus des tracas de la vie. C'étaient des quiétistes, des enfants de la nature, amis des « monts et des eaux », par conséquent poètes et mystiques.

Les poètes et les moines du sud de la Chine

avaient hérité de ces traits qui s'étaient dessinés à une période de décomposition sociale, aux Ve et VIe siècles.

Il y eut bien quelques modifications dans la suite des temps ; mais les traits de l'ancien quiétisme réapparaissent au moment où les Chinois se voient peu à peu opprimés par les barbares venus du nord, et où la culture chinoise se réfugie dans le sud. Le bouddhisme Zen, qui fit son entrée au Japon au XIIIe siècle, découlait à la fois de cet héritage spirituel des Indes et de ce quiétisme renouvelé au dernier stade de la dynastie chinoise des Song.

Toutefois, il y avait plus d'un bouddhiste zéniste qui, non content d'être un ascète et un rêveur, savait fort bien appliquer les fruits de la discipline spirituelle à la vie de tous les jours.

Ils étaient, si l'on veut, idéalistes et transcendentalistes, mais assez pragmatiques pour ne pas se perdre dans l'abstraction stérile et pour mettre leurs capacités spirituelles à l'épreuve de l'action morale, ou encore pour l'exprimer par les arts et la poésie.

L'idéal du Zen se plaçait « par-delà le bien et le mal », mais visait à dominer les bonheurs ou malheurs de la vie : les résultats se manifestaient souvent dans des actions fortes, une conduite audacieuse, que les vicissitudes de la vie étaient impuissantes à troubler. L'âme qui avait atteint les sommets de la purification et de l'illumination s'identifiait avec l'univers entier, et ne pouvait plus être troublée par le gain ou les pertes, par la vie ou la mort : elle restait, par conséquent, intrépide devant les calamités ou les adversités, insensible aux espoirs et aux séductions. Le parfait zéniste compare avec orgueil sa vie à un rocher inébranlable se dressant au milieu de la mer démontée et bravant les flots qui viennent le battre. D'ailleurs, il ne voudrait pas rester immobile, mais au contraire, bondir dans le tourbillon de la vie et faire face à ses plus angoissantes perplexités, calme, résolu, audacieux, intrépide.

Il y a ici quelque chose qui ressemble à la résignation fataliste, mais ce n'est pas une attitude passive : c'est le résultat de la tranquille maîtrise de soi-même.

Pour le zéniste, la vie morale n'est pas une fin en elle-même, c'est un banc d'épreuve de ses achèvements spirituels, ou plutôt encore un reflet de la sérénité lunaire sur les eaux agitées de la vie séculière.

Or le Japon qui s'ouvrit à cette méthode de discipline spirituelle était le Japon des hommes de guerre, qui, après beaucoup de batailles livrées, avaient assumé la tâche de gouverner la nation. Beaucoup de ces hommes avaient une âme bien trempée ; ils étaient rudes dans leur vie, francs dans leurs actes. Ils aspiraient déjà à une religion qui fût capable d'exercer l'homme à la fermeté d'âme et à la résolution, tout en satisfaisant ses aspirations idéales. Pour répondre à ces espérances, les anciennes variétés du bouddhisme étaient toutes trop efféminées ou trop compliquées.

Le bouddhisme Zen arriva juste au moment voulu pour donner satisfaction au désir de cette génération de guerriers. Sa méthode était assez simple pour qu'on pût la pratiquer jusque dans la vie des camps, assez profonde pour donner le calme aux esprits, qu'agitaient souvent les problèmes de la vie et de la mort. Aussi ces dévots guerriers accueillirent-ils les maîtres du Zen comme des directeurs spirituels, et subirent-ils profondément l'influence de la méthode contemplative ; en même temps, les élèves ne manquèrent pas d'imprimer à leur tour leur mentalité sur le Zen. Le bouddhisme Zen devint ainsi, pour une grande part, la religion des gens de guerre, et c'est par leur intermédiaire qu'il marqua la nation tout entière de ses traits particuliers.

Nous pouvons illustrer cette influence réciproque de la méthode Zen et de la vie des guerriers par quelques anecdotes. Il est impossible de savoir jusqu'à quel point elles sont authentiques : qu'il nous suffise de dire qu'elles étaient transmises parmi les guerriers comme des exemples tirés de la vie des meilleurs disciples du Zen.

Ainsi que nous l'avons dit plus haut, la discipline du Zen se pratiquait non seulement par de tranquilles séances de contemplation, mais encore par des conversations où l'on énonçait des paradoxes et où l'on proposait des énigmes.

Un chef militaire nommé Tokiyori, qui vivait dans la première moitié du XIIIe siècle, avait toujours désiré ardemment de rencontrer un bon maître du Zen : enfin, il eut le bonheur d'en inviter un à venir de Chine.

A son arrivée, Tokiyori composa, comme c'était l'usage parmi les zénistes, un petit poème qui signifiait à peu près ceci : « La brise printanière souffle, les vantaux de mon portail s'ouvrent tout seuls. Voyez ! au dehors la fraîche verdure des saules annonce l'arrivée du printemps. »

« L'arrivée du printemps » était ici une allusion à l'arrivée de la résurrection spirituelle. Le maître sourit et demanda à Tokiyori comment il avait été averti de l'arrivée du printemps. Tokiyori répondit qu'il avait jadis vu en rêve un maître du Zen, qu'il était resté depuis lors désireux de le rencontrer, et qu'en ce jour il l'avait enfin devant lui.

Sans dire un mot, le maître asséna un vigoureux coup de poing sur la joue du guerrier : je dis vigoureux, parce que le poing d'un maître du Zen était censé devenir d'autant plus robuste que le zéniste faisait plus de progrès dans l'ordre spirituel. Il agissait ainsi à seule fin de donner une secousse inopinée à l'esprit du guerrier, et de voir s'il saurait ou non rester calme sous le coup de poing ; et aussi afin de détourner de leur cours ordinaire ses pensées et ses sentiments vers des directions plus nobles que le sens vulgaire.

Tokiyori sortit victorieux de l'épreuve que lui infligeait le maître et dit à celui-ci : « O mon maître !

Mon corps tout entier frémit de joie d'avoir reçu votre coup bienfaisant. »

Voilà un exemple que nous pouvons comparer ou opposer à l'histoire de la conversation sans paroles, mais tenue par l'intermédiaire d'une fleur, entre le Bouddha et son grand disciple.

On raconte une autre anecdote de Tokimune, fils de Tokiyori, qui joua le principal rôle dans la défaite des envahisseurs mongols dans la seconde moitié du XIIIe siècle.

Tokimune était un diplomate autoritaire, un chef sévère, et depuis quelque temps il était sous la direction spirituelle d'un maître zéniste venu de Chine. Au moment d'envoyer son armée à la rencontre des envahisseurs mongols, Tokimune rendit visite à son maître. Le guerrier, armé de pied en cap, restait debout devant le maître, assis dans le siège des prélats.

« Maître ! lui dit-il d'abord, le grand événement est arrivé ! »

Le maître lui demanda : « Comment iras-tu en avant ? »

Tokimune ne répondit pas un mot : il fit un saut, en poussant un grand cri, que l'on employait quelquefois dans la conversation Zen. L'instructeur lui dit avec approbation : « En vérité, un lionceau ! Excellent ton rugissement ! Marche en avant tout droit ! sans jamais retourner la tête ! »

Autre exemple.

Un général du XIVᵉ siècle avait soutenu des luttes très dures. Se trouvant, à la suite d'une défaite, dans une situation désespérée, il allait se tuer. Avant de mourir, il voulut revoir son maître spirituel, et le sage zéniste fut mandé au camp.

Connaissant le chagrin du général, le maître se contenta de sourire et de lui réciter une courte strophe ainsi conçue : « Songe à la lune, qui plane toujours au-dessus des brouillards et des nuages, et dont la lumière sereine n'est jamais étouffée par eux. »

Le guerrier n'eut pas plus tôt entendu cette stance, que son esprit devint plus clair et sa détresse s'évanouit. Il livra bataille et fut le maître de la situation.

On pourrait multiplier les histoires de ce genre : contentons-nous de citer quelques manifestations de la discipline Zen, la conduite du zéniste devant la mort.

Tokiyori, le guerrier zéniste que nous avons déjà cité, revêtit la robe de moine, et passa dans les ordres les dernières années de sa vie.

Lorsque, à l'âge de trente-sept ans seulement, il vit approcher la mort, il quitta son lit, se revêtit de l'habit monastique, s'assit sur la natte rituelle du zéniste, et expira après avoir récité la stance suivante :

Suspendu était le miroir de la vie (karma)
Depuis trente-sept années ;
Un coup de marteau le met en morceaux :
Maintenant s'ouvre la Grande Route !

C'est le mot à mot. Mais la concise simplicité de l'original chinois, consistant en seize caractères idéographiques, sans personnes, temps, conjonctions ni prépositions, donne au quatrain l'allure d'une énigme.

Toujours est-il que des expressions de ce genre et la présence d'esprit qu'elles impliquent à l'article de la mort, sont considérées comme des preuves d'un haut développement spirituel dans le Zen.

Cette habitude d'écrire ainsi un « adieu au monde » (*ji-sei*, en japonais) se répandit plus tard dans les milieux plus étendus de la population, et même de nos jours beaucoup de Japonais quittent ce monde en laissant une stance, laquelle, à vrai dire, a souvent été méditée au préalable.

Ainsi, il y avait action et réaction réciproque entre les maîtres zénistes et leurs disciples guerriers ; mais, à l'honneur des maîtres, nous devons remarquer qu'ils ne s'abaissèrent jamais à se conformer aux mœurs des guerriers, et s'efforcèrent toujours d'élever leurs disciples aux purs sommets de la discipline spirituelle.

Nous citerons, à titre d'exemple, Dōgen, le principal champion du Zen au XIIIᵉ siècle.

Dōgen (1200-1253) était au nombre de ceux que la corruption de l'ancienne église avait révoltés et qui cherchaient une lumière nouvelle : il la trouva enfin dans le Zen.

Quittant le Mont Hiei, il reçut l'enseignement zéniste d'un disciple de Yeisai (que nous avons déjà nommé), puis se rendit en Chine, où il resta quatre ans et visita différents centres de la culture zéniste.

Ses maîtres chinois ne lui donnèrent point satisfaction, excepté un seul, qui lui transmit tous les secrets de ses exercices spirituels, en même temps que les vêtements et l'écuelle que l'on croyait avoir appartenus au Bouddha lui-même : cela en témoignage de la perfection dans la culture zéniste. Dans ce même monastère, Dōgen fut aussi profondément impressionné par la pureté de la discipline monastique, et se convainquit d'avoir trouvé le modèle de la véritable vie bouddhique.

C'est pourquoi, à son retour de Chine, en 1227, il fonda un petit couvent près de Miyako, où, avec quelques disciples, il se soumit à la plus sévère discipline monastique, consistant principalement en exercices spirituels.

Ainsi Dōgen, en même temps qu'il introduisait au Japon la méthode du Zen, fut le réformateur de la vie monastique.

Quoiqu'il vécût retiré du monde, sa renommée attirait bien des gens qui demandaient à recevoir cette éducation spirituelle. Mais Dōgen s'aperçut que la plupart venaient le trouver, poussés plutôt par la curiosité que par la recherche sérieuse de la vérité. Dégoûté de l'atmosphère sociale de cette ville de rentiers, il quitta Miyako et se bâtit un autre monastère dans une province septentrionale où personne ne viendrait le déranger.

Ses disciples étaient surtout des moines, mais il instruisit aussi quelques laïcs sérieux, principalement des hommes de guerre qui demeuraient dans la campagne et que la vie des villes n'avait point corrompus.

L'idéal de Dōgen, c'était de rester totalement séparé du monde, mais son inspiration s'étendit peu à peu parmi les gens de guerre.

Sa renommée de maître du Zen atteignit Kamakura, le quartier général militaire : des personnages considérables lui firent des offres généreuses pour qu'il vînt s'y fixer. Dōgen s'y rendit, mais refusa d'accepter leurs offres, et s'en retourna à son monastère.

Ce n'était pas un meneur d'hommes au sens habituel du mot, et pourtant il inspira à ses contemporains, directement ou indirectement, l'esprit élevé du Zen.

La pureté sereine de son esprit se voit dans ses écrits et ses paroles. Mais comme leur signification est trop subtile pour souffrir la traduction, nous ne reproduirons ici qu'un de ses poèmes :

Sur l'eau tranquille, sans même la trace d'une ride,
Dans l'air calme et comme mort, à l'heure sereine
*   de minuit,*
Flotte libre un petit bateau.
Vois ! la pure clarté lunaire pénètre l'air et l'onde,
Et le bateau baigne dans la pureté de la pâle lumière.

Ce n'est pas une simple image, c'est l'expression d'une âme qui a atteint les sommets de la pureté. La courte stance représente bien l'âme de Dōgen purifiée et libre comme le bateau qui flotte dans le clair de lune.

Ajoutons encore un court écrit de Dōgen, qui servira d'illustration à sa méthode, et nous fera comprendre l'éducation zéniste.

Disposez, dit-il, *un siège de nattes dans un endroit approprié* (tranquille et pur), *et posez un coussin par-dessus. Puis, asseyez-vous, les jambes croisées, le pied droit sur la cuisse gauche, le pied gauche sur la cuisse droite. Revêtez la robe et la ceinture, mais non trop serrées, et maintenez leur symétrie. Mettez ensuite la main droite, la paume en dessus, sur le mollet de la jambe gauche, le dos de la main gauche dans la paume de la main droite, et tenez les pouces de façon que leurs extrémités se touchent. Assis de cette manière, gardez le corps droit, sans le pencher à droite ni à gauche, ni l'incliner en avant ou en arrière.*

Que les oreilles dépassent à peine la ligne des épaules, et que le nez soit dirigé vers l'abdomen. Appliquez la langue contre la voûte du palais, serrez les lèvres et les dents. Les yeux doivent rester ouverts, et l'haleine passer sans encombre par les narines.

La position du corps étant ainsi établie, exhalez profondément votre haleine : puis (après examen de votre attitude) balancez légèrement le corps à droite et à gauche.

Ensuite, livrez-vous à la contemplation de ce qui dépasse l'intellect.

Bref, une condition essentielle de la contemplation, c'est que la vie et son entourage soient maintenus dans la propreté et la tranquillité. La propreté et l'ordre du monastère tel que Dōgen l'avait institué, les règles qu'enseignèrent Dōgen et d'autres maîtres du zénisme, exercèrent une grande influence sur la vie familiale de la classe des guerriers, et, par l'intermédiaire de cette classe, sur la vie de la masse du peuple.

Nous reviendrons sur cet aspect de l'influence zéniste, à propos de ses effets esthétiques.

La fin de la vie de Dōgen ne présente aucun incident particulier ; elle s'était d'ailleurs tout entière écoulée dans le calme de la vie monastique.

La stance qu'il prononça comme adieu au monde nous montre bien son attitude élevée et douce vis-à-vis de l'existence d'ici-bas. Il y disait :

Cinquante-quatre années passées
A illuminer le plus haut ciel,
A dominer les tumultes et les agitations,
A réduire en poussières les myriades de mondes.
Eh ! que me reste-t-il à chercher dans tout mon
  corps ?
J'entre maintenant bien vivant dans le grand
  abîme.

Ce qu'était ce grand abîme, il ne l'eût jamais expliqué en mots, mais il avait la certitude d'en avoir transmis les secrets à ses disciples, cœur à cœur.

L'amour de la nature était au fond de l'inspiration

zéniste ; son influence sur l'esprit esthétique se montra partout dans les arts, surtout dans la peinture.

L'illumination spirituelle que procurait la contemplation zéniste, inspirait le même sentiment dans l'esprit, ce qu'on appelait « rythme aérien » (*tch'e- yong*, en chinois), sentiment de sérénité et de pureté compénétrant le microcosme et le macrocosme.

Ce rythme aérien trouvait sa première expression dans la poésie et dans la peinture, surtout dans la peinture monochrome à l'encre de Chine.

Quand l'âme est agrandie, libérée, illuminée par la contemplation, elle observe toutes choses dans un équilibre serein. La vie est au-dessus des émotions et des commotions ; l'individualité s'évanouit dans les profondeurs de l'éternité ; la nature perd ses couleurs éblouissantes, ses mouvements vifs.

Voilà pourquoi le zéniste aime à emprunter des termes à la nature pour parler de la vie : par exemple, le clair de lune est le symbole de la transparence spirituelle, le roc de la fermeté d'âme, la neige de l'esprit froidement résolu, etc.

Cet esprit imbu de hautain isolement et de la sérénité qui unifie, s'exprimait en poèmes concis, en tableaux de paysages sans couleurs, en œuvres de jardinage qui copiaient la nature, en une musique singulièrement contenue.

Ce sentiment esthétique si particulier s'appliquait à toutes les circonstances de la vie, même à la façon de servir une tasse de thé et de la boire ; ce qui fut finalement systématisé dans l'enseignement appelé la « voie du thé » (*cha-dō*, en japonais).

Ainsi les effets esthétiques du Zen se firent sentir dans tous les aspects de la vie, aussi bien dans la façon de s'asseoir, de se présenter, d'organiser des réunions, de comprendre l'organisation du ménage et de la cuisine, que dans les arts et l'architecture : à tel point que l'introduction du Zen au XIIIe siècle marque l'époque des changements décisifs dans la vie et la civilisation japonaises.

En résumé, le Zen est une combinaison frappante d'antithèses paradoxales, d'idéalisme et de pragmatisme, d'individualisme et d' « impersonnalisme », de transcendentalisme et d'intuitionnisme. Il résultait de l'adaptation de l'idéalisme hindou au quiétisme chinois d'abord, au tempérament intuitif et pratique des Japonais ensuite. On y trouve, harmonieusement combinés, la profondeur de l'intellect hindou, le génie poétique du Chinois méridional, la vigueur et la versatilité du caractère japonais.

Particulièrement adapté à l'éducation des guerriers, le Zen donnait à leur vie une base solide, des vues larges : ce fut l'origine du *Bushidō*, la « voie du guerrier ». Le sentiment de l'unité essentielle de tous les êtres, la soumission de l'individu au destin supérieur, la résignation calme qui en résultait même pour l'intensité de l'action, telles sont les inspirations que le guerrier pouvait trouver dans le Zen.

L'amour de la nature, l'idéalisation des choses, même triviales ou insignifiantes, la vie se modelant sur le sentiment esthétique de la sérénité et de la pureté, telles furent les marques laissées par le Zen sur la vie quotidienne de la masse du peuple.

Mais la sérénité spirituelle et la beauté artistique ne peuvent pas, soit en bien, soit en mal, être le tout de la vie humaine.

Depuis le régime du Zen et du Bushidō, le Japon a traversé plusieurs étapes de l'évolution sociale. Aujourd'hui, la vie japonaise s'affronte avec la civilisation industrielle du XXe siècle, dont les espoirs et aussi les difficultés s'imposent aux Japonais, comme aux autres peuples du monde entier.

Nous allons voir comment l'agitation du monde nouveau a affecté la vie religieuse des Japonais contemporains.

CHAPITRE 6.

UNE PHASE DU MOUVEMENT RELIGIEUX
DANS LE JAPON MODERNE.

L'influence du bouddhisme Zen, cette combinaison
entre le mysticisme hindou et le naturalisme chinois, dura trois siècles. Puis, lorsque son inspiration
vigoureuse se fut peu à peu assoupie, arrivèrent, au
XVIe siècle, les missionnaires jésuites qui travaillèrent
avec un grand succès. Mais, soupçonnés d'intrigues
politiques par le gouvernement, ils furent finalement
expulsés ; et, de ce jour, c'est-à-dire du commencement du XVIIe siècle, date pour le Japon un isolement presque complet, qui dura jusqu'au milieu du
XIXe siècle. L'ouverture du pays au commerce extérieur et l'introduction de la civilisation occidentale
furent pour le peuple japonais comme le réveil d'un
long sommeil, bien que, pendant cette même période, la nation eût raffiné sa culture et créé une
civilisation originale.

Mais quand les Japonais tournèrent leurs yeux
vers le vaste monde, le soleil de la civilisation nouvelle
était déjà haut à l'horizon.

Le changement se marqua par la « restauration » de l'unité nationale après la chute du régime féodal, et par la « rénovation » de la vie nationale sous tous ses aspects.

Les tentatives de restauration de la vieille religion, le Shintō, avaient échoué ; mais le bouddhisme n'était plus désormais la religion unique et maîtresse. Les missions chrétiennes, d'autre part, recommencèrent leur action, et leur influence fut considérable.

La nation, remuée par ces nouveautés, mettait son ambition à atteindre et égaler les nations occidentales, non seulement dans les relations extérieures, mais dans le développement de la civilisation et de la vie sociale. Pour atteindre ce but, on poussait à l'imitation des nations occidentales, au point qu'on envisagea l'adoption de l'anglais comme langue nationale et la conversion au christianisme comme un expédient politique et une nécessité sociale.

Mais, vers l'année 1890, lorsque le mouvement de revision des traités tendant à obtenir des puissances occidentales l'égalité de traitement eut échoué, une réaction se produisit. Le sentiment national s'insurgea contre l'occidentalisation totale, les vieilles traditions revinrent en faveur, et la nation reprit avidement conscience d'elle-même.

En même temps, la politique agressive de la Chine en Corée causait une grande inquiétude.

Depuis le début de l'histoire, la Corée avait été la pomme de discorde entre la Chine et le Japon ; bientôt la rupture sembla inévitable, et la guerre éclata en 1894.

Lorsque le Japon en armes affronta le colosse chinois, le peuple ne se sentait point absolument sûr de la victoire, et il attendit dans une appréhension passionnée.

Après dix-huit mois, la lutte se termina par le triomphe du Japon : alors la joie fut immense, le sentiment de fierté nationale en fut accru. Bientôt, même, le nationalisme frisa le chauvinisme, la joie devint de l'orgueil. Quelques hommes publics voulurent donner à la nation un credo national, et établirent ce qu'on appela le *Nihon-shugi*, c'est-à-dire le « japonisme », un système d'éthique nationale excluant toute doctrine religieuse et toute culture étrangères.

Mais, d'autre part, les problèmes religieux suscitaient d'autant plus d'intérêt que beaucoup d'esprits avaient été amenés par le remous des événements à un sentiment plus intense des problèmes de la vie humaine. Les courants étaient nombreux, les tendances diverses, partout se manifestait une agitation profonde. Elle fut aggravée par l'apparition de diverses religions nouvelles à pratiques superstitieuses, nées du trouble spirituel que causèrent les crises économiques dans les quelques années qui suivirent la guerre.

La croyance au japonisme était insuffisante pour se protéger de ces troubles spirituels ; l'orgueil d'une guerre victorieuse ne pouvait pas non plus faire face à la situation, et même l'effet moral suscité par la revision des traités, en 1898, s'évanouit graduellement devant le flot montant de problèmes plus graves.

En résumé, au tournant des XIXe et XXe siècles, le Japon connut une formidable fermentation intellectuelle.

Le trait significatif en fut l'aspiration spirituelle chez les jeunes hommes et les femmes.

Les principes nationaux de vie morale qui leur étaient imposés par les chefs de l'enseignement, n'étaient que de simples formules vides et ronflan-

tes. Les maîtres des écoles gouvernementales dou-
taient eux-mêmes de l'efficacité des enseignements
qu'ils étaient tenus de donner. Aussi cette jeunesse
ardente n'était-elle pas seulement mécontente d'un
tel enseignement officiel, elle en était révoltée.

Plus la doctrine et la morale officielles s'entou-
raient de formalisme et d'ostentation, plus la révolte
était profonde. Les jeunes se tournèrent naturellement vers les sources d'inspiration spirituelle qu'on
peut puiser dans les religions, le bouddhisme, le
christianisme, ou d'autres encore.

Mais beaucoup d'entre eux ne trouvèrent pas de
satisfaction dans les religions existantes.

« Nous avons faim, nous demandons du pain, et
on nous enseigne comment on le fabrique. »

Ce cri, formulé par un de ces esprits assoiffés
d'idéal, du nom de Takayama, trouva partout un
écho sympathique.

Révoltés contre l'enseignement officiel des systèmes, aspirant à la lumière, bien au delà de la vérité
simplement intellectuelle, non satisfaits cependant
par les religions courantes, les cœurs tendres de la
jeunesse connurent des agonies désespérées.

On cite le cas tragique et exceptionnel d'un jeune

sceptique de dix-sept ans, qui se suicida en se préci-
pitant dans une grande cascade, après avoir inscrit
sa dernière pensée sur le tronc d'un arbre voisin. Il
y exprimait cette idée que la série d'absurdités qui
composent une vie humaine ne valent pas la peine
d'être vécues, de même qu'il est inutile de scruter
cette énigme dont les mystères et le néant ne seront
jamais résolus par aucune religion, non plus que
par aucune philosophie.

C'était un cynique, mais il y avait des larmes dans
son sourire méprisant.

Ceci se passait en avril 1903, et l'événement fit
grande impression.

Le jeune misanthrope fut âprement critiqué par
certains ; la sympathie et la pitié d'autres furent
profondément émues ; quelques-uns même exaltèrent
sa logique audacieuse.

Le cas fut exceptionnel, mais la disposition et
l'idée qu'il révéla témoignaient du trouble spirituel
qui régnait dans la jeunesse d'alors.

L'agitation était intense, l'atmosphère était sombre : cependant, il y avait encore espoir et lumière.

Parfois, un de ces sceptiques absolus se transformait en un piétiste dévot, la plus extrême agitation

n'était souvent que le prélude de l'apaisement. Aucun, pour ainsi dire, de ces esprits inquiets qui n'eût passé par des phases alternées de lutte et de consolation.

Le Bouddha ou le Christ, Hōnen ou Nichiren et plusieurs autres héros religieux, apparaissent dans un nouveau jour, soit sous l'angle de l'introspection personnelle, soit sous la direction de maîtres très pieux.

On s'adressait aussi aux écrivains modernes, particulièrement aux individualistes, Tolstoï, Ibsen, Nietzsche, Kierkegaard, Walt Whitman, etc.

Un écrivain fameux fit un pèlerinage à Jérusalem, puis chez Tolstoï. d'où il revint, après s'être baigné dans le courant avec le sage de Yasnaya Polyana.

Un jeune bouddhiste, nouvellement marié, croyait fermement que sa femme était une incarnation de Kwannon, déesse de la miséricorde, comme le cas s'était (selon la légende) déjà présenté chez son maître spirituel, Shinran.

Un chrétien, qui avait d'abord perdu sa foi au Christ, retourna à son Sauveur, dans un accès d'enthousiasme pour le Bouddha excité par un ouvrage sur le bouddhisme.

Il n'y avait pas d'accord harmonique, mais on

entendait comme un adagio plein de sincérité et de gravité.

Pour illustrer ce mouvement, nous choisirons trois âmes religieuses, qui suivirent des chemins bien différents, mais qui forment une triade remarquable.

Le premier et le plus éminent fut Takayama. D'abord, en homme délicat, il avait cherché à s'amender par le rationalisme. Cet effort fit de lui un champion du japonisme, et comme nationaliste positiviste, il avait dénoncé dans toutes les religions autant de superstitions. Mais une irrésistible aspiration spirituelle l'amena aux doctrines opposées, à un idéalisme décidément individualiste.

Il confessa alors et sans réserve tous les doutes de son esprit, ses luttes, et se compara à un homme se débattant au milieu de tourbillons spirituels.

Il se trouva être l'interprète de toute la jeunesse inquiète qui nourrissait le même mécontentement et passait par les mêmes luttes. La plainte de Takayama citée plus haut : « Nous avons demandé du pain, » était aussi un cri de ralliement.

Au début de 1901, Takayama publia un essai, intitulé *La Vie belle*, qui fut accueilli avec enthousiasme par les jeunes hommes, tandis que les conservateurs l'attaquaient comme une menace à la vie nationale.

La « Vie belle » signifie une vie libérée des chaînes sociales, dégagée des considérations d'intérêts et de profits.

La vie est un non-sens, si elle est dénuée de sincérité ; être sincère, c'est être libre de toute fin ultérieure, c'est agir simplement et purement, suivant l'ordre de sa propre conscience.

Là où est la beauté est la bonté. La beauté des fleurs s'épanouit dans chacune d'elles sans aucune considération pour les autres.

Il dit :

La Vie belle n'est pas la même chose que la vie morale, telle qu'elle est ordinairement comprise.

Sa valeur est absolue, elle est inhérente à la nature humaine, elle ne dépend de rien, elle n'est liée à aucune servitude.

Elle dépasse le domaine du raisonnement et des principes.

En elle est le repos, en elle est la paix, en elle repose la vitalité primitive de la vie universelle qui n'a jamais cessé d'évoluer et de fleurir par elle-même.

Le bonheur ultime de la vie humaine peut-il être cherché ailleurs ?

La morale et la connaissance ne valent qu'en s'accommodant à cette fin et en servant son développement.

Leurs fonctions sont négatives et relatives parce qu'elles sont des moyens et des opportunités.

Le doctrinaire et le moraliste fleurissent là seulement où l'utilité règne, et où moyen et fin de la vie humaine sont pris l'un pour l'autre.

Takayama pensait que la plus pure expression de l'instinct humain et de la conscience n'est rien que l'amour, dans toutes ses manifestations, et que le bon et le beau s'identifient dans l'amour. Il conclut ainsi :

Je ne peux trouver aucune valeur dans la vie de celui qui peut mourir sans avoir connu l'amour...

Malheureux est l'homme qui oublie la vie elle-même dans le soin de se nourrir, ou qui se soucie du vêtement, négligeant le corps. Il ne voit pas ce qu'il a à faire dans la vie.

Le monde est devenu maintenant si affairé, que personne n'a le loisir nécessaire à la contemplation.

Cependant, homme de pauvreté, ne te lamente pas; homme désespéré, ne t'afflige pas !

Tu portes éternellement un royaume dans ton sein.

Et cet évangile ne sera compris que par ceux qui perçoivent ce qu'est la Vie belle.

Certainement Takayama exagérait ses conceptions, mais il y avait une puissance dans sa forte parole.

En identifiant le bien et le beau, il écrivait en poète ou en philosophe platonicien ; en dénonçant les conventions sociales et les théories morales, il déclamait comme un Rousseau ou un Lao-tseu ; et dans son exaltation de la liberté individuelle se retrouvait l'influence de Nietzsche.

Mais le surhomme de Nietzsche était trop brutal pour le sentiment délicat de Takayama. Sa sympathie était trop large pour lui permettre d'être un individualiste pur et simple. Admirateur enthousiaste des poètes romantiques, il était aussi enthousiasmé par les héros et les martyrs religieux.

La lecture de la Bible avait jeté dans son esprit quelques semences de foi religieuse, son étude du bouddhisme avait laissé dans son sein des germes qu'il avait lui-même oubliés pendant les quelques années où il avait été champion du nationalisme.

Tout cela ressuscitait en lui, lorsque, par hasard, il découvrit en Nichiren la réalisation de son idéal et de toutes ses aspirations.

La foi absolue de Nichiren dans le Bouddha et son enseignement qu'il avait poursuivi au risque même de sa vie, ouvrirent à Takayama le trésor spirituel d'un enthousiasme illimité pour le prophète du XIIIᵉ siècle. Ainsi le disciple de Nietzsche, comme on l'avait souvent appelé, fut converti par Nichiren et devint son apôtre.

En un temps très court, Takayama se rendit merveilleusement maître des doctrines et des arguments de Nichiren, et il découvrit avec une joie intense que la vie de Nichiren était en rapport étroit avec ses aspirations et ses doctrines, qu'il était bien, comme il avait cru l'être, le messager du Bouddha, l'incarnation du Livre du *Lotus*.

Le premier essai publié par Takayama sur Nichiren tendait à élucider l'inspiration que ce dernier puisait dans la foi aux enseignements du Bouddha.

Dans sa conclusion, Takayama disait :

Nichiren était-il réellement le messager du Bouddha, envoyé par lui pour le salut des derniers jours de décadence ?

La mission lui avait-elle été confiée directement par le Bouddha lui-même, à l'assemblée du Mont des Vautours, ainsi que le croient ses adeptes ?

Nous ne pouvons pas le savoir, nous n'avons pas besoin de le savoir.

Il nous suffit de voir que Nichiren acquit, par sa foi absolue dans le Bouddha, la conviction indestructible qu'il était le messager du Bouddha.

Ce que les savants modernes diront sur ce sujet ne nous importe pas. Ce que nous devons savoir, c'est que la conviction de Nichiren était le fait suprême de sa vie spirituelle.

Voyez, après qu'il eût atteint cette conviction, comment la grandeur de sa personnalité dépassa tous les modèles des mondes humains.

Par là, il croyait posséder un pouvoir illimité sur l'univers et l'humanité.

Sa volonté de fer, son enthousiasme farouche étaient comme embrasés par cette inspiration.

Grâce à cette conviction, il enseigna, prêcha, com-

*manda au peuple de son pays et de toute la terre,
comme s'il avait été, pour ainsi dire, investi de l'autorité suprême.*

En fait, l'enthousiasme de Takayama pour Nichiren lui inspira la même foi dans le Bouddha. Le prophète du XIIIe siècle trouva ainsi un apôtre dans le
Japon moderne.

Mais Takayama n'était plus un nationaliste,
comme l'étaient beaucoup des adeptes de Nichiren ; au contraire, il découvrit que la grandeur de
son maître était dans son universalisme planant au-
dessus des autorités terrestres et les pliant à sa
discipline. Il écrivit alors une comparaison entre
Nichiren et le Christ, insistant sur leur trait commun,
l'exaltation de l'autorité spirituelle bien au-dessus de
l'autorité séculière.

Cette comparaison indigna de nombreux bouddhistes et de nombreux chrétiens, mais ces affirma-
tions hardies soulevèrent dans la jeunesse, à la fois
bouddhiste et chrétienne, un grand enthousiasme
pour Takayama aussi bien que pour Nichiren.

Dans un autre de ses écrits, une lettre, Takayama
s'applique à reproduire la pensée et les souvenirs de

Nichiren pendant son exil dans l'île septentrionale. Sans parler de l'interprétation qu'il y donne des sentiments et des convictions de son héros, l'auteur y a réalisé une heureuse combinaison de ferveur religieuse et d'imagination poétique, de style passionné et de langage harmonieux.

Takayama déclarait lui-même que cette lettre était la meilleure production de sa pensée et de son sentiment, son meilleur écrit, et il traitait presque toutes ses autres œuvres antérieures de simples chiffons de papier (1).

Quand il l'écrivit, sa santé déclinait, et il mourut juste un an après, en décembre 1902.

Il fut alors adoré comme un héros, ainsi qu'il avait adoré son héros Nichiren.

Ses reliques sont déposées dans un temple nichirénite, dominant une vue magnifique du Mont Fuji, la montagne que Nichiren avait choisie comme le lieu du futur Saint-Siège de son église universelle.

La grandeur de la nature agit là sur les pélerins

(1) Selon Nichiren, le Bouddha Çākya-muni enseignait que tous ses enseignements antérieurs au *Lotus* étaient inutiles et superflus. Takayama fut très frappé par cette légende.

pour les inspirer, en même temps que l'enthousiasme populaire provoqué par Takayama et Nichiren.

Parallèlement à la renaissance nichirenite stimulée par Takayama, il y eut une renaissance piétiste inspirée par Kiyozawa.

Kiyozawa appartenait à une famille Shinshū (l'école de Shinran) et avait été élevé dans une université gouvernementale. Son maître de philosophie était un hégélien, et il était lui-même un dialecticien puissant du type hégélien, en même temps qu'un stoïcien de tempérament.

Quand se produisit la réaction contre l'occidentalisation, un peu avant la dernière décade du XIXe siècle, il joua un rôle dans la renaissance de la philosophie bouddhique.

Il vivait alors la vie paisible d'un éducateur ; pendant ces années, il s'efforça de réaliser une vie simple et rigide, digne d'un stoïcien sévère ou d'un moine d'austère pureté.

Son ambition était de systématiser la philosophie bouddhique en termes modernes, et aussi de modérer son caractère entier par une foi pieuse.

Les deux aspects de son aspiration, bien que divergents en apparence, s'unirent étroitement dans sa vie, comme nous le verrons bientôt.

Sa lutte mentale fut moins saisissante, moins brillante que celle de Takayama, mais nous voyons dans ses écrits comment il s'efforça d'ajuster son esprit hégélien à sa foi héréditaire en la grâce du Bouddha Amita, d'harmoniser son tempérament de stoïcien avec la dévote humilité du piétiste.

Dans ses essais philosophiques, il insiste sur l'antithèse du relatif et de l'absolu, du particulier et de l'universel, etc. Il s'efforce de réaliser une synthèse plus haute des deux pôles, et il aboutit à une religion où tout dépend de la merci du Bouddha, rendue possible par la renonciation totale et l'élimination de l'idée de soi.

En hégélien, Kiyozawa parle constamment du fini et de l'infini. Il dit, en un passage de sa « Philosophie de la religion » :

L'unité du fini et de l'infini est obtenue, soit par le développement de la capacité interne, soit par l'assistance ou la grâce de la réalité externe actuelle...

L'infini étant Un, nous pouvons le prendre, soit

*comme l'unité de capacité potentielle, soit comme l'unité
d'actuelle réalité; ainsi que la graine, quand elle est
graine, ne peut être prise pour la plante, et la plante,
quand elle est plante, ne peut être prise pour la graine...*

Tout ceci est très abstrus, mais la citation est
prise dans une traduction anglaise autorisée par
Kiyozawa lui-même, et nous la donnons pour montrer la forme particulière de sa dialectique.

Ce qu'il voulait dire était ceci :

« L'Infini incarné dans la personne du Sauveur
Amita Bouddha est la plante développée, tandis que
nous, les individus isolés, nous sommes les graines.
Les graines sont des plantes en puissance, mais pour
devenir réellement des plantes, elles ont besoin de
quelque chose d'extérieur à elles qui les nourrisse, et
qui est la grâce infinie du Bouddha. Ainsi, par la
seule foi inconditionnée en l'infini, le fini peut se
développer et atteindre la perfection suprême, c'est-
à-dire développer son infinité potentielle. »

Telle était la dialectique de Kiyozawa pour conci-
lier sa philosophie et sa religion, aussi bien que son
tempérament stoïcien et son aspiration vers la piété.

Dix ans après cet ouvrage, nous ne le trouvons

plus dialecticien théorique, mais croyant dévot en l' « Infini », le Bouddha de la « Lumière infinie » (Amitābha).

Par sa vie rigide, Kiyozawa avait réussi à apaiser son âpre humeur, et, presque en réaction contre ses premières tendances théoriques, il devint, bien que n'ayant pas perdu son stoïcisme, un pur piétiste, un dévot dans le Seigneur du pays de la Béatitude.

L'Infini, dit-il, *illumine tous les coins du monde et nous embrasse tous.*

Nous éprouvons actuellement que la Lumière infinie nous guide, et nous vivons dans les délices de cette Lumière infinie qui nous embrasse.

Nous croyons que tous les autres êtres vivent eux aussi pareillement dans la même Lumière infinie, et que par là, ils sont nos compagnons d'existence.

Kiyozawa appelle cette vie en dévotion et en joie la « vie spirituelle », dans laquelle chacun abandonne sa propre personnalité et reçoit librement les rayons de la grâce.

Une complète renonciation de soi-même était, d'après lui, la condition nécessaire pour être embrassé par la Lumière infinie, et, par là, son stoïcisme modifié se transformait en une piété dévote.

Ainsi Kiyozawa passa de la dialectique hégélienne sur la relation entre le fini et l'infini, à un entraînement stoïque dans la renonciation et l'abnégation de soi-même.

Puis enfin il modela ses idées et sa vie sur un type de pieuse dévotion à la grâce de l'Infini.

Tel fut le résultat de sa lutte spirituelle, et, dans la dernière partie de sa vie, sa personnalité montra un merveilleux pouvoir d'inspirer aux autres sa paix spirituelle et sa joie.

Kiyozawa ne parut pas souvent en public, mais il fut le guide spirituel d'un petit nombre de disciples dans une sorte de vie de couvent.

Son inspiration produisit différents types d'hommes, mais tous proclamaient hautement la toute-puissance de la grâce du Bouddha Amita, la condition finie et pécheresse des êtres, et, en conséquence, la nécessité de dépendre absolument du Bouddha, qu'ils appelaient la Lumière infinie.

Tout ceci concordait avec la foi traditionnelle du piétisme Shinshū, à laquelle l'inspiration de Kiyozawa donna une nouvelle interprétation et une fraîche vigueur. Ses disciples se font remarquer par leur zèle fervent et leur manière propre de mener la lutte spirituelle.

Quelques-uns visitent les prisons et ont souvent réussi à éveiller chez les criminels le sentiment de leur péché. Ils étendent le même enseignement à tous les hommes, car ils pensent que nous ne sommes tous que des criminels devant le Bouddha. Quelques autres agissent parmi les étudiants, et ont créé un type de jeunes hommes passant leurs jours à verser des larmes de gratitude pour le Bouddha. Les livres et les journaux qu'ils ont publiés peuvent être aisément pris pour les œuvres d'auteurs chrétiens inspirés par un esprit de piétisme ou un « revival » religieux.

Kiyozawa mourut en 1903, et son influence s'est étendue à un large cercle de femmes et de jeunes gens.

Il est intéressant de constater combien, dans leurs luttes spirituelles, Takayama et Kiyozawa ont suivi des directions complètement opposées.

Le premier, parti d'un sentimentalisme délicat, passa par les principes nationalistes, pour aboutir à la foi religieuse qu'incarnait la forte personnalité de

Nichiren ; tandis que le second eut à lutter pour dompter son esprit théorique, et finit en s'abandonnant totalement à la grâce du Bouddha. Son évangile fut de piété et d'humilité, tandis que Takayama représente le robuste esprit d'émulation et d'effort.

Il n'est pas étonnant que ces deux hommes, représentant les deux aspects essentiels de la nature humaine, aient attiré les jeunes cœurs et les aient inspirés chacun selon sa tendance propre.

Le mouvement d'aspiration religieuse pénétra également le christianisme.

Pour beaucoup de jeunes chrétiens, les problèmes du christianisme n'étaient plus du domaine des dogmes ou de la politique ecclésiastique, mais se posaient dans la profondeur de la foi et de la piété. Le cas le plus éclatant fut fourni par un chrétien mystique qui eut la vision de Dieu.

Il s'appelait Tsunashima. Il avait été d'abord un philosophe de tendances rationalistes, que l'idéalisme de l'école néo-kantienne conduisit au christianisme. Quand il tomba malade de la poitrine, son âme sensible puisa la lumière dans le mysticisme chrétien, mais, bien que chrétien, il garda toujours sa sympathie aux aspects mystiques du bouddhisme et du taoïsme.

Et cependant, la simple méditation ou la seule vie dévote ne le contentait pas.

Il avait aspiré à une réalisation personnelle de la divine lumière, et il eut enfin une vision mystique qu'il prit pour un témoignage de la grâce spéciale que Dieu lui avait conférée. Lorsqu'il fit cette expérience, il était dans son lit de malade, et ses derniers jours se passèrent dans les délices de l'extase.

Ses propres paroles nous montrent la forme particulière de son christianisme. Il dit en rapportant cette vision :

La présence ou l'immanence de Dieu, l'élévation ou l'illumination de soi, à ces idées j'ai eu accès plus d'une fois, en différentes circonstances et en des occasions variées. Mais je n'avais jamais eu auparavant un contact vivant avec les idées comme celui que garde ma mémoire.

Depuis l'été de l'an passé (1904), ces expériences se renouvelèrent fréquemment...

Ce fut une année qui fit époque dans mon expé-

rience religieuse, on peut l'appeler une période d'illumination ou de révélation.

Et vraiment, je fus favorisé au delà de toute attente, car, durant la dernière année, je fus trois fois en contact avec une lumière particulière et miraculeuse, inconnue auparavant, cependant impressionnante et presque palpable, et la dernière fut la plus étonnante, la plus surprenante.

Ah ! c'était vraiment une nuit sereine !

J'écrivais avec ma plume à la clarté de la lampe.

Je ne puis maintenant savoir quel fut le choc de mon âme, mais le transport fut soudain et instantané.

En un moment, mon être devint un être qui n'était plus mon être antérieur.

Le mouvement de la plume, son bruit faible sur le papier, tout était transformé en quelque chose d'absolu et d'inimaginable, était fondu en une illumination devant mes yeux.

A ce que je crois, la chose ne dura que quelques minutes ; cependant, l'état de conscience dépassa toute imagination, toute description : c'était comme un choc, une stupeur, un enivrement, comme si je me trouvais face à face avec un être spirituel, un être supérieur s'élevant majestueusement de l'abîme serein et profond de l'infini...

C'est de cette façon que j'ai rencontré Dieu, vu Dieu.

Dire rencontré, vu, est encore trop superficiel, trop extérieur, pour épuiser l'état de conscience de ce moment.

C'était une jonction, mieux encore, une union intime de moi-même avec Dieu. A ce moment, je fus presque fondu en Dieu lui-même.

Je devins Dieu.

Et par là même il n'y avait plus d'intermédiaire, ni l'autorité de mes prédécesseurs, ni ma propre dépendance vis-à-vis de leur expérience, pour ne pas parler de leur influence indirecte.

Et maintenant, je sais que ce que je croyais d'abord être ma foi religieuse, avait été atteint beaucoup moins par ma propre expérience ou mon propre mérite, que par ma foi dans la personnalité du Christ et des autres sages...

Plus tard, quand je commençai à pénétrer la profondeur de ma vie intérieure, j'essayai de prêter l'oreille à l'appel de Dieu, par moi tout seul, par les élans de mon cœur sincère, en rejetant l'autorité de mes prédécesseurs.

Mon pieux désir ne fut pas vain.

Que de fois mon cœur a-t-il battu avec délices

devant une lumière, la lumière épandue où je trouvais Dieu installé au fond du sanctuaire de mon cœur sincère !

Le Dieu que j'ai vu n'était plus la vieille idole traditionnelle, ni un idéal abstrait...

Ma première rencontre avec Dieu était certaine, significative, mais cependant elle avait été subtile et fugitive.

Maintenant, il en est tout autrement.

Mon Dieu, le Dieu du ciel et de la terre, je l'ai rencontré face à face comme une réalité du plein jour, comme une réalité étonnante, saisissante...

Béni est celui qui croit sans voir, mais béni plus encore celui qui croit pour avoir vu Dieu...

Ayant ainsi vu Dieu, la conscience que je suis fils de Dieu a fait surgir en moi, comme du fond de l'abîme, une gloire qui ne saurait être vraiment comparée à nulle autre, que rien, entre le ciel et la terre, ne saurait assurer.

Je suis maintenant pleinement convaincu de la place réelle que j'occupe dans le vaste Cosmos.

Je ne suis ni Dieu lui-même, ni une ride, ni une vague sur le grand océan de la Nature.

Je suis fils de Dieu, un fils de Dieu participant à la direction de la vie humaine, du ciel et de la terre...

Ah ! je suis fils de Dieu, ma vie doit être digne d'un fils de Dieu, une vie méritant la gloire de Dieu...

N'est-ce pas Dieu que j'ai vu face à face, séjournant perpétuellement à côté de moi et étendant sur moi ses bras invisibles ?

Bien des cœurs dans toutes les religions, ou chrétienne ou bouddhique, tressaillirent à la publication de ce document qui, pourtant, se heurta aussi à l'opposition de la critique.

L'admiration de Tsunashima pour le Bouddha, Lao-tseu, Platon et les autres sages, fondit, pour ainsi dire, au creuset de cette intense expérience. Cependant il ne devint jamais un bigot, mais conserva une âme pieuse trouvant foi et délice en toute âme semblable à la sienne.

Tsunashima vécut encore quelques années en paix et en extase, et mourut en 1906.

En fait, ces trois hommes représentent l'agitation spirituelle de l'époque et le mouvement d'aspiration religieuse qui se poursuivit et prédomina pendant toute la première décade du XXᵉ siècle.

Les deux religions, bouddhique et chrétienne, attirèrent la foule des âmes recherchant la lumière spirituelle, et les affiliations couvrirent une large surface entre le rationalisme et le piétisme.

Au cri de la « banqueroute de la science » répondit l'alliance de la religion avec l'art et la poésie, tandis que, d'un autre côté, de fortes protestations s'élevaient contre la « dégénérescence efféminée du sentimentalisme religieux », la dénonçant comme un phénomène de nervosité morbide.

A côté de ces courants opposés agitant les classes cultivées, toute une variété de religions nouvelles étaient lancées par des zélateurs ou des initiateurs suspects.

La « cure mentale », la « séance tranquille », l' « exorcisme spirituel », etc., étaient offerts comme des remèdes au malaise spirituel, au trouble social, et chacun de ces mouvements avait ses adhérents.

D'un autre côté, bien des gens prétendaient être les sauveurs de l'ère nouvelle, prophètes prétentieux et excentriques, mais souvent très sincères et ardents.

La confusion et l'agitation caractéristiques de ces années subsistent encore aujourd'hui.

La guerre mondiale n'a affecté qu'à peine la vie spirituelle des Japonais ; mais la fin de la guerre et ses conséquences attirent maintenant l'attention, les espoirs ou les appréhensions.

L'appel à la « reconstruction sociale » a trouvé son écho au Japon, où d'ailleurs l'œuvre sociale des bouddhistes et des chrétiens avait déjà amené quelques progrès dans les dernières années.

Bien que les plus graves problèmes de l'âme et de la vie spirituelle soient maintenant plutôt éclipsés par les difficultés pressantes de la vie sociale et économique, les jeunes générations n'ont jamais cessé de lutter pour les questions plus profondes qui concernent les rapports entre la foi personnelle et la solidarité sociale.

Il s'agit de savoir si les vieilles traditions religieuses existantes, y compris le christianisme, pourront trouver une vigueur renouvelée en conduisant le siècle, grâce à de nouvelles interprétations ou applications ; si quelques-unes des nouvelles sectes religieuses pourront élargir leur action en ouvrant à la vie de nouvelles perspectives ; si quelques nouveaux mouvements peuvent se produire et répandre une lumière nouvelle sur la vie humaine.

Jusqu'ici aucune de ces alternatives ne semble décidément probable, et le trouble et la confusion continueront à prévaloir sans doute pour quelque temps encore.

Peut-être la vie religieuse des autres nations présente-t-elle de semblables problèmes ? A ce point de vue, le Japon passe par les mêmes incertitudes que les autres nations.

La vie religieuse des Japonais n'est plus maintenant un fait isolé, mais elle est entraînée dans les mêmes courants qui agitent l'univers entier.

TABLE DES MATIERES

Imp. S. P. P. C., 74-76, rue Amelot.

ANNALES DU MUSÉE GUIMET

BIBLIOTHÈQUE DE VULGARISATION *(Suite)*

XXV. Conférences au musée Guimet, en 1907, par R. Cagnat, D^r Et. Hamy, Salomon Reinach, E. Senart, A. Gayet et Sylvain Lévi.

XXVI, XXVII. Conférences au musée Guimet, en 1901-1902 et 1902-1903, 1903-1904, 1904-1905 et 1905-1906, par L. de Milloué.

XXVIII. Exposition temporaire au musée Guimet. Catalogue.

XXIX, XXX. Conférences au musée Guimet, en 1907-1908, par R. Cagnat, A. Moret, L. de Milloué, Pottier, Dr J.-J. Matignon, Salomon Reinach. — G. Bénédite, A. Gayet, A. Foucher, L. de Milloué, E. Naville, D. Menant.

XXXI, XXXII. Conférences au musée Guimet, en 1908-1909, par T. Homolle, Salomon Reinach, L. de Milloué, Sylvain Lévi, R. Cagnat, L. Delaporte, A. Moret. — G. Lafaye, René Pichon, Dr Capitan, E. Revillout, J. Bacot, Mme Jane Dieulafoy, A. Moret.

XXXIII. Les Phases successives de l'Histoire des Religions. Conférences faites au Collège de France, en 1909, par Jean Réville.

XXXIV, XXXV. Conférences au musée Guimet, en 1910, par L. de Milloué, A. Moret, R. Dussaud, R. Cagnat, A. Foucher, F. Cumont, L. Delaporte. — E. Guimet, H. Cordier, S. Reinach, D. Menant, R. Pichon, von Le Coq.

XXXVI. Conférences au musée Guimet, en 1911, par L. de Milloué, H. Cordier, R. Cagnat, Comte Goblet d'Alviella, S. Lévi, J. Bacot, D. Menant.

XXXVII, XXXVIII et XXXIX. Conférences au musée Guimet, en 1912, par A. Moret, Dr Capitan, S. de Ricci, Ph. Berger. — E. Espérandieu, P. Alphandéry, S. Reinach, R. Cagnat, A. Moret, A. Foucher. — R. Dussaud, R. Cagnat, R. Pichon, J. Toutain, D. Menant, A. Moret.

XL. Conférences au musée Guimet, en 1913, par V. Goloubew, R. de Tressan, J. Hackin, S. Lévi, F. Nau.

XLI. Conférences au musée Guimet, en 1914, par R. Cagnat, R. Dussaud, A. Moret, V. Goloubew, R. Petrucci, H. Cordier, E. Pottier.

XLII. Cambodge. Fêtes civiles et religieuses, par Adhémard Leclère.

BIBLIOTHÈQUE D'ÉTUDES

I. **Le Rig-Véda** et les origines de la mythologie indo-européenne, par Paul Regnaud. Première partie.

II. **Les Lois de Manou,** traduites par G. Strehly.

III. **Coffre à trésor attribué au Shogoun Iyé-Yoshi** (1838-1853). Étude héraldique et historique, par L. de Milloué et S. Kawamoura.

BIBLIOTHÈQUE D'ÉTUDES *(Suite)*